改革教会の信条と展開

袴田康裕
Hakamata, Yasuhiro

教文館

目次

改革教会の信条と展開

教理を学ぶ意味と喜び

私たちキリスト者は、なぜキリスト教教理を学ぶ必要があるのでしょうか。私は少なくとも次の三つをあげることができると思います。

第一は、個人的な証しの必要からです。もし私たちが、自分が何を信じているかを明確に知っていないならば、決して自分の信仰を証しすることはできないでしょう。「聖書の神様とはどういう神様なのですか?」「聖書は人間とは何だと言っているのですか?」「聖書はこの世というものをどう捉えているのですか?」。こういった疑問を投げかけられたとき、私たちはそれに的確に答えることができるでしょうか。「どうやってクリスチャンになるのですか?」と問われた時、私たちはどう答えるべきなのでしょうか。伝道の使命は私たち一人一人に与えられています。その使命に応えるには、私たちが基本的な教理に通じていることが不可欠です。

また、私たちがなぜ信じているかということを知ることも大切です。私たちは理由もなく信じているのではないからです。ペトロが言うように「あなたがたのうちにある希望について説明を求める人には、だれにでも、いつでも弁明できる用意」をしている必要があります(Iペトニ・一五)。その意味でも、教理の知識は大切です。

第二は、個人の信仰の養いのためです。私たち自身の魂のために、私たちは神の言葉の全内容を知る必要があります。私は、個人の魂の悩みの多くは、キリスト教教理の無知やその適用の誤りに起因する場合が少なくないと思っています。私自身、大学生の頃、救いの確信が持てず深く悩みました。しかし聖書の教える救いの根拠の問題や、救いの確信と救いとの関係の問題などは、宗教改革の時代において深く論じられたものです。その中で聖書的教理として言葉が整えられ、カテキズムや信仰告白が生まれました。それゆえこれらの言葉は、しばしば牧会的配慮に満ちています。私自身が経験的に知っているように、教理を通して聖書の教えの深さが分かることによって、私たちの魂は本当の安らぎを得ることができるのです。

第三は、教会形成のためです。キリスト教教理は個人の魂の養いや伝道にとって重要であるだけでなく、教会の土台を形成するものです。教会の一致は本来「信仰」しかありません。しかし、その一致点が不明確であれば、教会は「人間」による一致に傾き、人間の支配にならざるを得ません。けれどもそれは、イエス・キリストを主とする教会にとって、望ましいことではないでしょう。聖書の上に立つ教会は、その聖書の教えが何であるかを言葉によって確認し、その一致の上に立つ必要があります。その意味でも、聖書の教えの要約である教理は重要です。とりわけ、教会のリーダーや役員に必要な一つの条件は、正しい教理理解なのだと言えます。

最後に「教理とは何か」ということに触れておきます。教理は確かに、聖書の教えを論理的体系的にまとめたものだと言えるでしょう。教理には、それ自身に源を持つ権威はありません。しかし、それが聖書に基づいているならば、その限りにおいて従属的な権威があると言えます。だから、それは教会の土台となり得るのです。

教理そのものは歴史を含んでいません。しかし、その背後には歴史があります。一つの教理が生まれた時、そこには必ず論争がありました。たとえば、イエス・キリストは教理の用語では二性一人格と表現されます。カルケドン信条の表現で言えば、イエス・キリストの神性と人性は「混合なく、変化なく、分割なく、分離なく」と言われます。これを言葉だけ聞けばよくわかりません。どうしてこういう表現が生まれたのか。それは、決して言葉遊びや思弁から生まれたのではありません。イエス・キリストが真の救い主であられるとはどういうことなのかという、教会にとって立つか倒れるかの真剣な問いの中から、そして聖書に基づく激しい論争から生まれたのです。

聖書に問い続けた教会の歴史がわからなければ、教理の言葉はわかりません。しかしその歴史がわかれば、教理の本当の意味を知り、聖書が教えるイエス・キリストの救いをますます豊かに語ることが可能になります。

天に昇られたイエス・キリストは聖霊を送り、聖霊の導きの中で教会は歩んできました。聖霊の御業は、教理形成の中にも働いています。それゆえ私たちは、教理を学ぶことを通して歴史に働かれた聖霊の御業を知り、何より聖書を深く知らされて、喜びに満たされるのです。教理を学ぶことの意味と喜びがそこにあります。

日本キリスト改革派教会における信仰規準の翻訳の歴史と課題

はじめに

日本キリスト改革派教会は、一九四六年四月二八日に創立大会を開き、そこで教会の信仰規準をウェストミンスター信仰規準とすることを採決している。[1] 創立者たちは、旧日本基督教会の歴史、とりわけ一九三〇年代以降の歴史を踏まえて、簡単信条ではなく、詳細で最も完備していると考えたウェストミンスター信仰規準（以下、ウ信仰規準）を採用したのである。

改革派教会が、ウ信仰規準を教会の信仰規準として採用したことに対して、当時、外部からのさまざまな批判にさらされた。代表的な批判は、竹森満佐一によるものである。[2] 竹森は、ウ信仰規準の採用自体を根源的に批判しているが、それに対して、創立者の松尾武が真正面から反論している。[3] 松尾は「かくの如き信条によるこの教会の樹立の可能性を信じる」として、次のように述べている。「日基信条ができて既に半世紀以上を経た今日、当時はなお重過ぎた鎧であったウェストミンスター信条をこれは良い道具であるとして今、自発的にこれを採用するまでに進展したと言っても、あり得ないことではないのである」。[4] この松尾の言葉に代表されるように、創立者たちは、日本におけるプロテスタント史を踏まえた上で、信条教会形成の可能性と意義を確信して、ウ信仰規準を採用した教派形成を目指したのである。

　その日本キリスト改革派教会も、創立以来、七〇年以上が経過した。この論文で試みたいと願っているのは、ウ信仰規準という詳細信条を採用して歩んできた改革派教会の歩みを、特に信条教会という視点で検証することである。検証という意味で批判的なことも記すが、それは決して創立者をはじめ、先人たちに対する尊敬を失うものではないことを最初に断っておきたい。本当に限られた人数で、さらに周りからの批判にさらされる中で、改革派教会を立ち上げ、導いていった先人の努力は、今なお、私たちが倣うべき模範以外の何ものでもない。むしろ私たちは、今こそ、彼らの熱心に倣わなければならないのではないかという思いを新たにしている。

　ウ信仰規準を採用している教会として、日本キリスト改革派教会は、現在、次の二つの課題を負っていると私は考える。その二つとは以下のものである。
①日本キリスト改革派教会におけるウェストミンスター信仰規準の翻訳とその改正に関する問題。
②日本キリスト改革派教会におけるウェストミンスター信仰規準の位置づけに関する問題。
　前者について、私の根源的な疑問は、日本キリスト改革派教会は、信条教会として当然備えなければならない信仰規準の教会公認訳を、未だ備えていないのではないかということである。確かに、改革派教会はウ信仰規準の翻訳に取り組み、出版してきた。また、改正がなされることもあった。しかし、信条教会として教会公認の信条を備え、それにふさわしい取り扱いがなされてきたのかという疑問がある。この論文では、改革派教会のウ信仰規準の翻訳と改定の歴史を振り返る中で課題を確認し、教会公認訳の必要性を明らかにしたい。

後者について、日本キリスト改革派教会における ウ信仰規準の位置づけには、曖昧さがあるということである。簡単信条ではなく、詳細信条を採るという決意で始まった教会であるが、その詳細信条を採るという意味が曖昧である。より具体的には、教師・長老・執事の任職に先立つ信条に関連する誓約の言葉があるが、その誓約の言葉の意味と拘束力に曖昧さがあるのである[5]。

私は二〇〇六年に「ウェストミンスター信条への同意誓約・署名論争について——アメリカとスコットランドの歴史から[6]」という論文を発表して、この点について問題提起した。しかし、残念ながら、本格的に議論がなされることはなかった。その一方で、耳を疑うような乱暴な主張を耳にすることもあり、この問題を放置してはいけないのではないかと感じている[7]。

そこでいずれ別の論文で、役員の任職における誓約の意味に関して、今日の混迷の原因を歴史的に明らかにすると同時に、取り組むべき課題を明示できればと願っている。

1 教会公認訳とは何か

最初に、信条教会として備えるべき教会公認訳の私なりの定義を明らかにしておきたい。信条を教会の従属的規範とする以上、教会公認訳は、少なくとも以下の条件を満たす必要がある。その条件には、「翻訳に関して」と「法的性質に関して」の二つの側面が含まれる。

(1) 翻訳に関して

①信頼できる底本を選び、底本に忠実な翻訳であること。

②これまでになされたウェストミンスター信条の翻訳の成果を生かし、学問的な批判にも耐えうる翻訳であること。

③キリスト教会やキリスト教信徒によって用いられることを念頭に、わかりやすく美しい日本語であること。

④信仰告白・大教理問答・小教理問答の三文書として統一のとれた翻訳であること。

(2)法的性質に関して

①本文、引証聖句を含めて、字句のレベルで大会が「教会公認訳」として承認すること。

②改正に際しては、厳密に政治規準第一七二条第一項の手続きによること。

③訓練規定第一〇条の「違反」の認定においては、この「教会公認訳」が用いられること。

④教会の公的文書においては、この「教会公認訳」が用いられること。

(1)の翻訳に関して、教会公認訳が、信頼できる底本に基づく、忠実な翻訳であることは、なによりまず求められることである。その上で、教会の使用にふさわしい翻訳であることが求められる。(2)の法的性質に関して、教会公認訳は、何よりも字句のレベルで大会の承認が必要である。そして、字句のレベルで改正においては、政治規準の規定に厳密に従う必要がある。

以上のような教会公認訳の理解に照らして、改革派教会におけるこれまでのウ信仰規準の翻訳と信条の取り扱いはいかなるものであったのか。それを次に検討してみたい。

2　日本キリスト改革派教会におけるウェストミンスター信仰規準の翻訳の歴史

(1) 初期改革派教会の取り組み

一九四六年四月の創立大会において、教会の信条について「ウェストミンスター信仰告白ト大小信仰問答ニソノ正統的伝統ヲ明カニスル前文ヲ付加シタルモノトナスコト」[8]の提案が、起立によって満場一致で可決された。そして同大会において、信条並規則制定委員として、松尾、渡辺、川島(幌)、岡田、春名、早川、常葉の七名が選ばれた。

一九四七年四月の第二回大会において、教会規準特別委員の報告がなされ、この中で「ウェストミンスター信仰告白は松尾武君。同問答書(大)岡田稔君。同(小)藤井重顕君。目下翻訳中なり」[9]との報告がなされている。そして実際、一九四八年六月に藤井重顕訳『ウェストミンスター小教理問答書』が活水社書店から、一九五〇年五月に岡田稔訳『ウェストミンスター大教理問答書』が同じく活水社書店から、さらに一九五三年八月に松尾武訳『ウェストミンスター信仰告白』が双恵学園出版部から出版された。

改革派教会は、政治規準と礼拝指針の完成を受けて、一九五三年一〇月の第八回大会において「日本基督改革派教会憲法成立宣言」をしている。その中に、次のように記されている。「但し信仰規準に就ては原文(第四回大会の決議を含む)により邦訳に就ては標準の完成迄、松尾武訳ウェストミンスター信仰告白、岡田稔訳同大教理問答、藤井重顕訳同小教理問答を参考とする。尚翻訳に疑義の生じたる場合は大会が之を決定する」[10]。

ここに「但し信仰規準に就ては原文により」との記述がある。松尾、岡田、藤井による翻訳は、あくまで参考であって、憲法としてのウェストミンスター信仰規準は「原文」であるという理解である。しかし、ウェストミンスター信仰規準に「原文」は存在しない。存在するのは、幾種類かの古いマニュスクリプトと印刷版、そしてそこから派生し、現代まで数多く出版されてきた諸版である。そしてその諸版には、歴史の中で入り込んできたさまざまなテキストの改悪がある。また、意図的な改正もなされてきた。それゆえもし英文のウ信仰規準を憲法にするのであれば、どの英文テキストを取るか決めなければならない。しかし、この段階においては、テキストに関する意識は希薄であったと言わざるを得ない。おそらく、米国南長老教会版のウ信条を「原文」と呼んでいるのだと思われる。

いずれにせよ、この「憲法成立宣言」の中で「標準訳の完成」が謳われ、それに向けて取り組むことになった。「憲法成立宣言に基き、信仰規準、翻訳委員四名を置くこと」「但小教理より翻訳を始めること」の提案がなされ、可決した。[11] そして選挙によって、翻訳委員として、岡田稔、春名寿章、田中剛二、渡辺公平の四名が選ばれたのである。

(2) ウェストミンスター小教理問答の翻訳

こうして信仰規準翻訳委員会の作業が、小教理問答から始められた。改革派教会における小教理問答翻訳の歴史は、榊原康夫による「解説　日本基督改革派教会訳の略史を兼ねて」に詳しい。これは、一九七八年に出版された榊原の翻訳による『ウェストミンスター小教理問答書』（発行者・大会出版委員会、印刷所・聖恵授産所）の巻頭に掲載された。[12]

信仰規準翻訳委員会は、一九五四年一〇月の大会に次のように報告している。

「盛夏の候を除き大体毎週一回会合し、我らの信仰規準の翻訳に従事す。先ずウェストミンスター小教理問答書の問答第一より第三八までの翻訳を仕上げ、第四号大会時報に掲載し発表した。次に同上問答三九より第一〇七までを仕上げてその全体の翻訳を完了し、別紙の如き謄写印刷として発表す」。

そして質疑応答の中で橋本亘から「ミスプリントがあれば訂正して一ヵ年試用すること」という動議がなされ、可決している。また同じく質疑の中で岡田稔は、翻訳の方針として、「原意が明かにさるる事を中心として翻訳した。教理的には努力を払った」と述べている[13]。

この全教会の試用のためのものは、一九五五年三月五日付『大会時報』で頒布が公表され、出版された。「信仰基準翻訳委員会改訳　ウェストミンスター小教理問答」と題され、三段組みで引証聖句はなく、ルビは括弧の中に入れられている。

一九五五年一〇月の第一〇回大会に、信仰基準翻訳委員会は、試用期間中に寄せられた意見をもとに、各問答にわたる改定表を提出した[14]。そして次のように述べている。

「若し本大会において、一応の決定訳の採択を見るに至るならば、引証聖句はウェストミンスター会議において付けられたままの最初のものを採用し、我が教会の公認訳を速かに出版し得るよう希望する。当委員会は大教理問答の翻訳にも着手し、目下ある程度のその進捗を見ているが、小教理問答の決定訳を得てから、それとの訳語の統一を保ちつつ本格的にその仕事を進めたいと願っている」[15]。

すなわち、委員会としては、この大会で小教理を決定訳として受け入れてもらい、続いて大教理の作業に進みたいと願っていたのである。

しかし、議場の質問や意見を集め、翌日慎重な審議が進められた結果、「訳文平明化するために三人の委員をあげること（但し翻訳委員を除く）」という動議が成立した。そして委員として、橋本亘、諏訪武臣、百元好雄が選ばれた(16)。

一九五六年一〇月の第一一回大会に、信仰基準翻訳委員会は次のように報告している。

「1　平明化委員会試訳は、文章用語がより平明となり、新しい国語の表現様式が可及的に多く採用されている点を多とし、感謝の意を表すべきである。

2　然し、神学的、語学的に原文に忠実であるためには、可成り我々としては、意見を持つことを表明せざるを得ない。（尚我々も力《ママ》めて平明化の趣旨に沿う事を立前として）(17)」。

一方、小教理問答訳文平明化委員会は、次のように報告している。

「2　平明化のため特に必要でない限り、翻訳委員訳のものを尊重し、藤井訳を参考にした。

3　文字、文体、用語等については、出来る限り当用漢字、現代仮名づかいとし、口語訳聖書に準ずる事にし、振仮名を使わずに読み得るようにした。（以下略）(18)」。

いずれの報告も満場一致で受け入れられたが、ある意味、相反する方向性を持っていたと言える。翻訳委員会は、平明化によって「神学的、語学的に原文に忠実である」ことが棄損されることを恐れ、平明化委員会は出来る限り、日本語が「平明」であることを求めたのである。

この大会で平明化委員会は「小教理問答書の訳文決定についての建議案」を提案したが少数否決され、以下の新たな建議がなされた（建議者　橋本龍三）。

「小教理問答書決定版を可及的速かに出版可能ならしめるために翻訳委員会をして、今大会において提出された平明化委員会訳を参照の上、新しい訳稿を次期大会において提出せしめること。(但し訳稿は、大会開催一ヵ月前にプリントの上、各教会に送付して検討する機会を与えるようにされたい)」[19]。

この建議が、平明化委員会の百元好雄を加えるという修正のうえ、満場一致で可決された。翻訳委員会はこの決議に基づき、委員会改訂訳を一九五七年三月に頒布した。そのタイトルが「一九五七年三月改訂版　信仰基準翻訳委員会改訳『ウェストミンスター小教理問答』(附　使徒信条)」である。

一九五七年一〇月の第一二回大会に、「小教理問答書訳文に関する建議案」が提案された。本文は「改訳小教理問答書を全体として決定訳文とすること」である。質疑応答の中で動議がなされ、次の二つの条件を付して満場一致で可決された。

「(1)信仰告白、大教理問答の翻訳が完成してから憲法として最終的に承認する。

(2)小教理については一ヵ月間の意見申立の期間を設け、その処置は委員会に任せること」[20]。

この決議を受けて信仰基準翻訳委員会はなお検討を重ね、一九五八年八月二〇日に最終訳稿(引証聖句付き)を活水社に渡し、同年一二月一〇日付けで委員会決定訳が活水社書店から出版された[21]。榊原は、信仰基準翻訳委員会によってなされた三種の訳文、一九五五年版、一九五七年版、一九五八年版について、次のように評価している[22]。まず、翻訳上最も正確なのは一九五五年版だとする。そして平明化委員会の仕事については、「平明化」という理念に問題があったとして、次のように論じている。

「平明とは、あくまでも原文の教えを平明正確に日本人に伝えることができる日本文という意味であって、日本文が平易で単純であるということでないはずです。率直言って、私には、五七年版以降の訳文は、藤井訳や五五年版委員会訳より難解（原文をみざるを得なくしたという意味で）に思えます」[23]。榊原はこのような厳しい批判をしつつ、一方で、平明化の作業が無意味ではなかったと言う。つまり、一挙に平易な文字使いと文体に変わったことには意味があったと述べるのである。また、五七年版と五八年版との相違は、句読点の増加、単語の変更に留まり、原文の理解の上で大きな改善はなかったと見ている。

こうして、日本キリスト改革派教会は、ウェストミンスター小教理問答の決定訳文を出版することができた。ここに至るまでの先人の熱意と努力は本当に高く評価されてしかるべきである。しかし、それを前提とした上で、これを先に示した「教会公認訳」の定義に照らしたとき、やはりさまざまな不十分な点があると言わざるを得ない。問題点として以下の点を挙げることができる。

①底本が明示されていないこと

既に指摘したように、性格を異にするウ信仰規準の英文が多種類あることからすれば、何を底本として採用するかは決定的に重要である。その底本が明示されていないことは、この翻訳の最大の欠陥であると言える。

②「決定訳文」の意味の曖昧さ

確かに一九五七年一〇月の第一二回大会で、「決定訳文」として決議された。しかし、「一ヵ月間の意見申立の期間を設けてその処置は委員会に任せること」という条件が付けられたことにより、その後の委員会における検討によって訳文の修正がなされた。もっともその修正は、句読点や単語の変更など軽微なものに留まったと思えるが、大会決議後の委員会による変更が「決定訳文」に含まれる結果となっている。また、この「決定訳文」の法的性質もかなり曖昧であると言わざるを得ない。

③引証聖句の問題

第一二回大会で決議された「決定訳文」には、引証聖句が含まれていないことも問題である。つまり、引証聖句は大会の決議を経ていない。これは信仰基準翻訳委員会が作成し、最終訳稿に付して出版された。しかし、その引証聖句には重大な間違いが多数あることを、榊原が指摘している。

④決定訳文の不適切な管理

小教理問答は、一九五八年一二月一〇日に初版が出版され、続いて、第二版が一九六三年二月一〇日(活水社書店)、第三版が一九六七年三月二五日(活水社書店)、第四版が一九七一年七月一〇日(つのぶえ社)、第五版が一九七四年九月一日(つのぶえ社)と版を重ねて出版された。それだけ用いられたことの証左であるが、一方で版を重ねるごとに過ちが加わっていった。つまり、委員会は版ごとにミスプリントを丁寧に修正することをせず、校正も出版社に委ねて校正を怠っている。さらに出版社は、各版ごとに新しい版を組んだため、前回のミスプリントが是正されるかたわら、新しいミスが入ってくることになった[24]。

榊原は「委員会訳決定文の最も信頼できる版は、今も五八年版である[25]」と述べている。しかしその五八年版も大会で決議された本文そのものではないし、引証聖句には間違いが多い。その後の印刷版の変遷は、決定訳文の不適切な管理以外の何ものでもないと言えるだろう。そしてこれを修正しようにも底本がないのである。信仰基準翻訳委員会によって出版されたウェストミンスター小教理問答は、教会で広く用いられ、多くの信仰者の霊性を養ってきた。その意味で本当に大きな貢献をしてきたことは間違いない。しかし、学問的な視点、また教会公認訳の視点から言うと、かなり問題のあるものだと言わざるを得ないのである。

(3) ウェストミンスター大教理問答の翻訳

小教理問答を出版した委員会は、引き続いて大教理問答の翻訳に取り組んだ。一九五九年一〇月の第一四回大会の信条翻訳委員会報告[26]には次のように記されている。

「第二は大教理の改訳で、これは二回委員会を開いて、その改訳に着手したまま、春名委員の病気、その他のため、進行しないままに終った事を深くお詫します[27]」。

この時の委員会のメンバーは、岡田稔、春名寿章、田中剛二、渡辺公平である。ここで春名の代りに諏訪哲夫が委員に加わった。しかしこの後、諏訪が岐阜加納教会の牧師に就任し、交通費の関係で、一九六〇年九月に神学校教授となった藤井重顕が代わりに「助力者」として加わっている[28]。さらに、第一五回大会で、信条翻訳委員を一名増員する提案が可決され、榊原康夫が加わっている。それゆえ一九六〇年一〇月の大会以降は、岡田、田中、渡辺、藤井、榊原の五人体制である。

第一五回大会記録（一九六〇年）に、大教理問答が七三問まで訳了したという記録がある。それに続く、大教理問答の翻訳に関する大会記録は次の通りである。

○第一六回大会記録（一九六一年一〇月）

「(1)一九六〇年一二月より一九六一年五月まで委員会を開くこと八回、大教理問答を九〇問を訳了、タイプ印刷で配布した。

⑵六月以降は、神学校水害復旧対策、委員の転任、不健康などの支障が続出して、九一問以下は既に各委員に割当てられてあったが、委員会を開くことが出来ず、本年度も大教理反訳《ママ》が完了しなかったことをお詫びしつつ、報告する」。[29]

○第一七回大会記録（一九六二年一〇月）

「⑵委員会をひらくこと八回。

⑶大教理後半を訳了した。右をタイプ印刷して、各教会に送付した」。[30]

一九五九年から一九六二年の三年間に、大教理問答の翻訳が精力的になされたことが分かる。翻訳は各委員に割り当てられ、委員会を開いて、訳文を確定していった。委員はいずれも阪神間の教師たちであった。そして一九六三年一〇月の第一八回大会の信条翻訳委員会報告[31]には次のように記されている。

「②第一回の委員会で次の方針をたてた。

(イ)ウェストミンスター大教理問答の聖句引照と浄書を榊原委員に願う。

③働き

(イ)ウェストミンスター大教理問答は、本格的印刷をなしえる原稿の準備ができ、新教出版社より本年内出版の約束をえた」[32]。

そして実際、一九六三年一二月三一日付で新教出版社から出版された。表題は『ウェストミンスター大教理問答』。中表紙には「日本基督改革派教会信条翻訳委員会訳」と記されている。[33]

この後、大教理問答が大会記録に登場するのは、一九六九年一〇月の第二四回大会記録である。新教出版社から再版の申し出があり、憲法委員会第一分科会は「引照聖句を合衆国南長老教会版のものから、原典のものに変更」して出版する建議案を提案した。当時の委員は、松田一男、吉岡繁、佐藤慎二、山中良知である。この提案は、満場一致で可決された(34)。そして一九七〇年四月二〇日付けで新版初版が発行されている。表題は同じであるが、中表紙には「日本基督改革派教会訳」と記されている。

以上が、日本キリスト改革派教会におけるウェストミンスター大教理問答の翻訳と出版の記録である。これもまた、先人の並々ならぬ努力の成果であることは確かであるが、いくつかの問題点を挙げないわけにはいかない。

①底本が明示されていないこと

小教理問答と同様、大教理問答でも底本が明示されていない。おそらく南長老教会のものを底本にしているが、南長老教会においてもウ信条の改定がしばしばなされたので、何年版を用いるかは非常に重要である。残念ながら、この段階では底本の意識があまりなかったとしか言いようがない。

②大会決議がない

小教理問答については、一九五七年一〇月の第一二回大会で、「決定訳文」として決議されている。しかし、大教理問答については翻訳文の大会決議がなされていない。それゆえ大教理は、教会公認の翻訳と言うことはできない。

③引証聖句の問題

引証聖句は、信条翻訳委員会の榊原が、委員会の決定を受けて個人的に作成し、それを原稿として出版がなされた。引証聖句も当然ながら大会決議を経ていない。また、引証聖句の底本も明示されていない。

④再版の際の問題

一九七〇年に大教理は再版が出版された。巻末には、岡田稔による初版の「あとがき」に続いて、再版時の憲法第一分科会委員長の松田一男による「再版について」という短文が掲載されている。その冒頭には「初版と大きく変わっている点は、引照聖句である。初版の引照聖句は米国南長老派教会版のものであったが、再版にあたって、原典のものに変更した[35]」とある。しかし、ウェストミンスター信仰規準に「原典」は存在しない。それゆえ、何を原典と考えて修正したのか、全く不明である。

さらに短文にはこうある。「今度の再版で、原典のものに変更したのも、米国南長老派教会版の引照聖句に批判的な意見があってのことではなく、われわれの教会が憲法として採用したのは、原典のウェストミンスター信仰基準書であったので、この際、原典のものに変えたまでのことである」。ここに「われわれの教会が憲法として採用したのは原典のウェストミンスター信仰基準書であった」とあるが、それは本当だろうか。確かに第八回大会の「日本基督改革派教会憲法成立宣言」の中に、「但し信仰規準に就いては原文（第四回大会の決議を含む）により」との記述がある。しかし、私たちは本当に、憲法としての信仰規準は、原文あるいは原典のウェストミンスター信仰規準であるとのコンセンサスを持ってきただろうか。そして、何度も言うようにウェストミンスター信仰規準の「原文」「原典」というものは存在しない。では、存在しないものを憲法として歩んできたのだろうか。

教会の根幹である憲法についてのこのような曖昧さは大きな問題である。これも、教会公認訳がないことから派生している問題ではないだろうか。

⑤大教理問答作成時期についての誤解

改革派教会の印刷物において、信仰告白・大教理問答・小教理問答の作成時期についての誤った理解が継続してきたので訂正しておきたい。大教理問答初版の「あとがき」[36]には、次のように記されている。

「……、一六四四年の年末近くから信仰基準の作製に取りかかり、先ず信仰告白が一六四六年一二月三日に出来上がった。国会は原案に対し一つ一つ関係聖句を付記することを求めたため、それが完了したのは一六四七年四月二九日であった。次に小教理問答が同年一一月五日に、そして最後にこの大教理問答が国会に提出されたのは一六四八年三月二二日であった」。

また、一九九四年に大会出版委員会編として、改革派委員会訳の信仰告白・大教理問答に、榊原訳の小教理問答を加えた合本が『ウェストミンスター信仰基準』というタイトルで新教出版社から発行された。その「あとがき」において、榊原康夫は次のように記している。

「有名なウェストミンスター神学者会議は、『礼拝指針』と『政治規準』（一六四五年）に続いて、『信仰基準』を産み出しました。すなわち、『信仰告白』（一六四七年四月）と『小教理問答』（一六四七年一一月）と『大教理問答』（一六四八年三月）の三部作です[37]」。

これらによると、作成の順序は、①信仰告白、②小教理問答、③大教理問答である。しかしこれは間違いである。正確な日付は次の通りである。

一六四六年一二月　四日　信仰告白を庶民院に提出
　　　　　一二月　七日　信仰告白を貴族院に提出
一六四七年　四月二九日　信仰告白（聖句付き）を両院に送付
　　　　　一〇月二二日　大教理問答を両院に提出
　　　　　一一月二五日　小教理問答を庶民院に提出
　　　　　一一月二六日　小教理問答を貴族院に提出
一六四八年　四月一四日　大小教理問答（聖句付き）を両院に提出

これから分かるように、作成された順序は、①信仰告白、②大教理問答、③小教理問答である。小教理問答は、大教理問答のいわば縮約版として、短期間の内に作成されたのである。(38)

(4)ウェストミンスター信仰告白の翻訳

次にウェストミンスター信仰告白の翻訳であるが、大会記録によると驚くほど短期間で作成されたことが分かる。第一八回大会記録（一九六三年一〇月）の信条翻訳委員会報告には次のように記されている。

「②第一回の委員会で次の方針をたてた。
(ロ)ウェストミンスター信仰告白を各委員に割当てた。各委員の訳了期限は六月末とし、必要に応じ、連絡のため、委員会を開くこと。
③働き

(ロ)ウェストミンスター信仰告白を委員会として、検討訳了し、タイプ印刷して、本大会議案として提出できた。大きな感謝である」(39)。

そしてこの大会に「ウェストミンスター信仰告白訳文決定に関する建議案」が提案された。提案本文は次の通りである。

「今回配布しました頭書の翻訳文に関しての修正意見は文書をもって本年内に到着するように委員会宛送付すること。但し採否は委員会に一任のこと。右建議します。

建議者　岡田稔、藤井重顕、田中剛二、榊原康夫」(40)。

この建議は、満場一致で可決された。そして翌年の第一九回大会記録（一九六四年一〇月）の信条翻訳委員会報告には、次のように記されている。

「(2)昨大会に提出した信仰告白の草稿については一二月中に修正等の意見は一通も来なかったが、委員達は一層の推敲を加え、証拠聖句章節を付した原稿を作成の上、大教理問答書と同様の条件で新教出版社と出版の交渉をした。

(3)これは七月二〇日付新書101として、初版二九〇〇部が公刊され、九月一〇日までに委員会を通じて一〇七三冊が売れた」(41)。

こうして、小教理問答、大教理問答に続いて、信仰告白も出版に漕ぎつけたのである。この第一九回大会では、「信条翻訳関係者への感謝に関する動議」（動議者　吉岡繁、賛成者　矢内昭二）が提案され、満場一致で可決された。関係者として議場に紹介された氏名は、春名寿章、諏訪哲夫、渡辺公平、榊原康夫、藤井重顕、田中剛二、岡田稔、百元好雄、橋本亘の九名である(42)。

ウェストミンスター信仰告白は、一九六二年一〇月の大会後約一年という本当に短期間に翻訳された。これは四名の信条翻訳委員会の並々ならぬ努力の成果だと言える。実際、この年度は一一回の委員会が開催されている。しかし、この信仰告白の翻訳についても、いくつかの問題点を挙げないわけにはいかない。

①底本が明示されていないこと

小教理問答、大教理問答同様、底本は不明である。

②確定した翻訳文が決議されていないこと

確かに第一八回大会で、「ウェストミンスター信仰告白訳文決定に関する建議案」が可決しているが、これは訳文を決定する決議というよりは、「決定方法に関する」決議である。つまり、翻訳文についての修正意見を委員会に寄せてもらい、その採否は委員会に一任することを決議している。そして一九回大会記録によれば、委員会は「推敲を加え、証拠聖句章節を付した原稿を作成」した。つまり、大会決議は決して本文確定の決議ではない。

③引証聖句の問題

引証聖句については、印刷前に、委員会が原稿を整えたようである。これについては、大会決議はない。また、底本も明らかではない。

以上のことから、信仰告白についても、教会公認訳とは認めがたい欠点があると言わざるを得ないのである。

3　日本キリスト改革派教会におけるウェストミンスター信条改定の歴史

次に、日本キリスト改革派教会が、これまでの歴史において信条の改定を行った記録を確認し、その適否を検討しておきたい。信条が改訂されたのは三回である。

(1) 教会と国家に関する信条の改定

最初に信条の改定がなされたのは、第四回大会（一九四九年一〇月）である。その大会に「『信仰告白』原文に関する建議案」が提案されている。記録にはこうある。

「我が教会はその信仰規準のうち、第二三章三節及教会と国家との関係に就き、教会と国家との結合を含意する点に限り、『一七八七年アメリカ・レビジョン』を採択すること。上、建議します。

提案者　田中剛二、　賛成者　岡田稔

田中剛二君説明をなし、松田輝一君『之をうけ入れること』動議。大山忠一君賛成。満場一致可決[43]」。

第四回大会では、第三回定期大会に提出された政治規準草案が、政治規準として採択されている。この草案が修正を経て、やがて一九五三年政治規準として礼拝指針と共に謄写印刷で出版されるが、それによれば憲法の改正は、先の大会で改正案としての同意を得、次の大会で正式に議題とされ、出席議員の三分の二以上の同意が必要とされている。[44]また、一八九〇年に改正された旧日本基督教会の憲法でも、憲法の改正は、一度の教会会議ではなく、二度にわたる教会会議で取り扱うように定められている（第一四条）[45]。その意味からすれば、過渡期とはいえ、一度の大会で信条の改定をしたことに手続き上の問題を感じないわけにはいかない。

内容について「第二三章三節及教会と国家との関係に就き、教会と国家との結合を含意する点に限り、『一七八七年アメリカ・レビジョン』を採択すること」とあるが、具体的にどの箇所を改正するかがやや不明確である。後に出版された委員会訳の『ウェストミンスター信仰告白』には、「アメリカ・レビジョン」の翻訳が併せて掲載され、それによってそれが二三章三節の他に、二〇章四節と三一章一節二節であることが分かる。しかし実は、「アメリカ・レビジョン」はこの三箇所だけではない。大教理問答の問一〇九の答えにある、tolerating a false religion（偽りの宗教を大目にみること）もこの時に削除されているが、それが抜け落ちているのである。

さらに、信条翻訳委員会の出版本では「一七八七年合衆国長老教会総会改訂」と記されているが、この年も不正確である。確かに、これらの箇所の代案を作成する委員会は一七八七年に結成されているが、シノッドでの決議は一七八八年五月二八日であるので、正確には「一七八八年改定」としなければならない[46]。

(2) 結婚に関する信条の改定

二度目に信条が改定されたのは、第一六回・第一七回大会である。第一六回大会（一九六一年一〇月）には「ウェストミンスター信仰告白一部削除（憲法改正）の建議案」が提案された。記録にはこうある。

「『ウ、告白第二四章（結婚及び離婚について）第四項中、〝男子は自分の血族で結婚できるより以上に近い妻の血族とは結婚できない。女子も自分の側で出来る以上に近い夫の血族とは結婚できない〟を我が教会の信仰告白より削除すること』

建議者　吉岡　繁　賛成者　田中剛二

吉岡君説明し、質疑応答の後、憲法改正案として次期大会の議題とすることについて、表決の結果、大多数可決[47]」。

引き続き第一七回大会（一九六二年一〇月）に「信仰規準改正案――ウェストミンスター信仰告白一部削除の建議案」が提案された。記録にはこうある。

「吉岡君説明。

『削除の理由

(1)この告白はレビ記二〇章二一節の誤った解釈にもとづいていること。

(2)南長老教会は一八八六年に、北長老教会は一八八七年に、合同長老教会は一九〇一年に夫々、この一分を削除していること。』

質疑応答の後、表決の結果、（反対なし、棄権一、賛成四四）三分の二以上の同意により可決[48]」。

今回は、政治規準に則って、二回の大会に跨って取り扱われている。アメリカの長老教会が一九世紀末から二〇世紀初頭に削除したことに倣った改正である。

⑶キリスト者の良心に関する信条の改定

三度目の改定が第二九回大会記録（一九七四年一〇月）に見られる。大会記録の「憲法委員会第一分科会報告ならびに創立三〇周年記念宣言起草委員会報告」の中に、次のように記されている。

「4　憲法委員会第一分科会報告―その2―

⑴信仰告白訳文の一部訂正

第二〇章『キリスト者の自由および良心の自由について』の第二項冒頭の文書、『神のみが良心の主であり、神は信仰または礼拝の事柄において、何事であれみ言葉に反するまたはみ言葉の外にある人間の教えと戒めから、良心を自由にされた。』は次のようにすべきである。

『神のみが良心の主であり、神は、何事においてもみ言葉に反し、あるいは、信仰と礼拝の事柄においてであれば、み言葉の外にあるところの、人間の教えと戒めから良心を自由にされた』（まじわり第九巻六号―一九七三年八月―八頁参照）

原文　God alone is Lord of the conscience, and hath left it free from the doctrines and commandments of men, which are, in anything, contrary to his word, or beside it, if matters of faith, or worship.

（S. W. Carruthers 校訂テキストによる）[49]」。

ここでの問題は、信仰告白本文の改正であるにもかかわらず、政治規準にある憲法改正の手続きをとらず、委員会報告で済ませていることである。手続き上、やはりこれは問題である。

次に変更の内容であるが、カラッザースのクリティカル・テキストによって、翻訳を訂正した点は正しい。カラッザースの信仰告白の本文研究は大変優れたもので、とりわけこの二〇章二節こそが信仰告白に入り込んだ最も重大な過ちだと言われている。[50]

しかし、新しい翻訳にもなお問題がある。beside it を「み言葉の外にあるところの」と訳し、アディアホラ的なことを意味しているとするが、[51] ここはそのような意味ではない。この beside it は「み言葉のほかに」「み言葉に記されていない」という意味で、全体としては、信仰や礼拝に関わる事柄であれば、御言葉に記されていないような人間の教説や戒めから良心を自由にされたという意味である。アディアホラのことを論じているのではないのである。[52]

(4) 今後、改定を検討すべき箇所

以上のように、改革派教会における信条の改定は、基本的に先輩教会であるアメリカの長老教会に倣うものであった。しかし、すべてに倣ったわけではない。一九世紀末までの改正には倣ったが、二〇世紀以降の改正には倣っていない。しかし、それで良いのかを一度検討することは必要であろう。

一九〇三年、米国北長老教会（the Presbyterian Church in the U.S.A.）は信仰告白の改定を採択した。[53] 改定は次の五か所である。

①一六章七節の書き換え

②二二章三節の最後の文の削除「とはいえ、合法的な権威から課せられた場合、善であり正しいことであれば、どんなことについても、宣誓を拒否することは罪である」。

③二五章六節の最後の文の削除「むしろ彼は、キリストとすべて神と呼ばれるものとに逆らって、

教会の中で自らを高くする、あの反キリスト、あの不法の者、滅びの子である」。
④第三四章の追加「聖霊について」
⑤第三五章の追加「神の愛と宣教について」

この北長老教会を離脱する形で、一九三六年六月に創立したのが、正統長老教会（the Orthodox Presbyterian Church）である。一九三六年一一月の第二回総会で、一九〇三年改定版以前の形態での信仰告白と教理問答の採用を決議している。しかし、二つを例外とした。それが、二二章三節の削除と二五章六節の削除である。つまり、これについては一九〇三年改定を受け入れたのである。

日本キリスト改革派教会は、北長老教会の一九〇三年の改定のうち、増補された二つの章を前向きに受け止め、それが最終的に四〇周年記念宣言の「聖霊について」「福音の宣教について」として結実している。しかし、他の部分については特に取り上げていない。しかし、とりわけ改正に対して極めて慎重なOPCが削除した二二章三節の一部および二五章六節の一部については、検討する必要があるのではないか。また、大教理問一〇九も改定すべきであろう。

ウェストミンスター信仰告白本文を改定する方法は、主としてアメリカの長老主義諸教会が行ってきたことである。スコットランドにおいては、基本的に本文は改定せず、それをどのような意味で受け入れるかを議論してきた(54)。また、北米キリスト改革長老教会は、本文を改定せずに、それの公的な教会の解釈を「証言書」として表明する方法をとってきた。

改革派教会は、当初は合衆国長老教会に倣って本文の改定を行ったが、長年改正はなされていない。確かに本文の改正を目指すよりは、解釈についてのコンセンサスを図ることで十分な場合もある。しかし、それを越えて、改正が望ましいと判断する箇所については、議論がなされることが望ましいと言える。現段階では、先に挙げた三箇所の議論が必要ではないだろうか。

4　新しい翻訳への取り組みと個人訳の出版

(1) 新しい翻訳への取り組み

ウェストミンスター信条三文書の印刷出版の後、信仰規準を担当する委員会の主たる関心は、新信条の作成に向かっていったように思える。第二四回大会（一九六九年一〇月）で「日本基督改革派教会信仰告白および信仰問答書作成にいたるスケジュール検討のための建議案」が可決されている。

ウェストミンスター信条の翻訳に関しては、第三二回大会（一九七七年一〇月）の憲法委員会第一分科会報告の中で、信仰告白、大小教理問答の翻訳に疑義があれば、委員会に意見を寄せてくれるように呼びかけている。[55] 翌年の第三三回大会記録（一九七八年一〇月）によれば、僅か三件意見が届いたことが報告されている。またこの年の憲法委員会第一分科会報告の中に「ウェストミンスター信仰告白、同大小教理問答書日本訳に付けられている引照聖句を原典と比較した一覧表」が掲載されている。[56]

憲法委員会第一分科会が、本格的に新しい翻訳に取り組み始めるのは、一九九〇年代後半である。第五一回大会記録（一九九六年一〇月）に「ウェストミンスター信仰基準の翻訳を実行に移す」[57]とあり、一九九八年以降の報告の中で、以下のように順次公表されていった。

第五三回大会記録（一九九八年一〇月）　信仰告白第一章

第五四回大会記録（一九九九年一〇月）　信仰告白第二章―第六章

第五五回大会記録（二〇〇〇年一〇月）　信仰告白第七章―第八章一節、第三二章―第三三章

小教理問答問一、問二

第五六回大会記録（二〇〇一年一〇月）　信仰告白第八章二―八節、大教理問答問一

第五七回大会記録（二〇〇二年一〇月）　信仰告白第九章

第五八回大会記録（二〇〇三年一〇月）　信仰告白第一〇章

第五九回大会記録（二〇〇四年一〇月）　信仰告白第一一章、第一二章

第六〇回大会記録（二〇〇五年一〇月）　信仰告白第一三章

しかし、この第六〇回大会の報告をもって、この翻訳作業は終了となった。「これまでの訳文をまとめて、大会に配布する。それ以後の作業については、六〇周年以降の委員会が方針を決める」(58)と報告されている。ここで委員会としての翻訳作業は終了し、その後、それまでの作業をまとめた「資料集」が二〇〇六年一〇月の定期大会に配布された。

この翻訳は、すぐれた底本に基づくもので、学問的にもある程度批判に耐えうるものであった。この「資料集」には、翻訳と共に註も掲載されており、有益である。しかし、この翻訳作業の中断は、共同作業で翻訳することの難しさを痛感させるものであった。共同でウェストミンスター信条を翻訳する場合には、少なくとも次の三点において、ある程度共通の学識が必要である。①英語の力、特に一七世紀の英語を読む力、②信条が作成された一七世紀のとりわけイングランド・スコットランドについての歴史的知識、③改革派神学、とりわけピューリタン神学の理解。仮に同じ程度の学識がなか

ったとしても、自分の欠けている部分を認める謙遜さと、協調の精神がなければ共同作業で翻訳することは困難である。一〇年間にわたる作業が、このような形で頓挫したことは本当に残念である。

(2) 個人訳の出版

委員会による新しい翻訳は実現できなかったが、この期間に、いくつかの個人訳が出版されたことは注目に値する。年代順に次のような翻訳が出版された。

①榊原康夫訳『ウェストミンスター小教理問答書』日本基督改革派教会大会出版委員会発行、一九七八年（改訂版、一九八一年）。
②鈴木英昭訳『ウェストミンスター信仰基準』つのぶえ社、一九九七年。
③松谷好明訳『ウェストミンスター信仰規準』一麦出版社、二〇〇二年（改訂版、二〇〇四年、三訂版、二〇一二年）。
④村川満・袴田康裕訳『ウェストミンスター信仰告白』一麦出版社、二〇〇九年。
⑤宮崎彌男訳『ウェストミンスター大教理問答』教文館、二〇一四年。
⑥袴田康裕訳『ウェストミンスター小教理問答』教文館、二〇一五年（改訂版、二〇一九年）。
⑦袴田康裕訳『ウェストミンスター大教理問答』教文館、二〇二一年。

最も大きなインパクトを与えたのは、③の松谷好明による翻訳である。松谷は日本におけるウェストミンスター研究の第一人者であり、彼の研究書によって、日本における研究水準は一気に引き上げられたと言っても過言ではない。そして彼の翻訳は、日本におけるウェストミンスター信条の翻訳において、初めて明確な底本の意識をもったものであり、学問的に究めて正確な翻訳を目指したものである。それゆえ、松谷の翻訳書が出版された後は、これを意識し、これに引けを取らない程度の学問的厳密さが求められるようになったが、④―⑦はその意味でも有意義な翻訳であると言える。

5　結語

以上、日本キリスト改革派教会におけるウェストミンスター信仰規準の翻訳と改定の歴史を概観してきた。そして結論として言えるのは、以下のことである。

①日本キリスト改革派教会の委員会による翻訳は、その正確さにおいてさまざまな問題がある。

②同翻訳は、正式な大会決議をしていると言い難く、その意味で「教会公認訳」とは言えない。

③信条の改定の歴史においても、手続きと内容の両面において、不十分な点が見受けられる。

④それゆえ、信条教会に相応しい「教会公認訳」の作成が急務である。「翻訳」と「法的性質」の両面において整えられた、教会公認訳の作成が待たれる。

注

（1）　The Westminster Standardsが、ウェストミンスター信仰「基準」と訳される場合もある。初期の文書には「規準」と「基準」が混在しており、吉岡繁が字句の統一を求めた記録が第一〇回大会記録にある（一九五五年）。それに対して岡田稔は「漢字辞典を見ると、基も規も大して違っていないので、これらは統一して良いと思う」（『日本基督改革派教会大会記録　創立大会〜第一〇回大会』（合本）、一七三頁）と答えている。後に、The Westminster Standardsを「ウェストミンスター信仰基準」と訳し、これを教会の「信仰規準」として受け入れたという区別を設けようとしたことがある。しかし、松谷好明は英語の意味から「ウェストミンスター信仰規準」が正しいと考え、訳書の表題もそのようにしている（松谷好明『ウェストミンスター信仰規準』一麦出版社、二〇〇二年）。私自身も「基準」と「規準」の上記のような区別には無理があり、あくまで英語の翻訳に相応しい訳語を選ぶべきであると考える。

「基準」は、「ものごとの基礎となる標準。比較して考えるためのよりどころ」（『広辞苑』）を意味し、「規準」は「規範、標準とするもの。信仰、思惟、評価、行為などの則るべき手本、規則、規範」（同上）を意味する。そしてStandardという語は、どちらの意味でも用いられうる語である。それゆえ、このThe Westminster Standardsがどちらの意味であるかで判断すればよいことになる。その点からすれば、The Westminster Standardsは、信仰・行為の則るべき規則、規範として作成されたものであるので、「ウェストミンスター信仰規準」がより望ましいと言える。この論文では、この訳語を用いることとする。また、便宜的に「ウェストミンスター信条」という表現を用いることもあるが、これは「ウェストミンスター信仰規準」の意である。

（2）竹森満佐一「改革派教会―プロテスタント教会のあり方（五）―」『福音と時代』（Vol.4, No.5）一九四九年。なおこの論争については次の論文を参照のこと。袴田康裕「ウェストミンスター信条を教会の信仰規準としている意味」『季刊　教会』（一〇九号）、二〇一七年。

（3）松尾武「『改革派教会』論を読みて」『改革派世界』一九四九年五・六月号。

（4）同上、二四頁。

（5）誓約の言葉は以下の通りである。「あなたは、私たちの教会の信仰規準を、聖書の真理を体系的に示すものとして誠実に受け入れますか」（政治規準付則）。なお、この誓約は、説教免許の取得の際にも要求される。

（6）『改革派神学』（第三三号、二〇〇六年）。なお、この論文は、袴田康裕『ウェストミンスター信仰告白と教会形成』（一麦出版社、二〇一三年）に収録されている。

（7）「私たちはウ信仰規準を教理の体系として採用している」という言葉が殊更に強調されることがあるが、その意味はかなり曖昧である。あたかもウ信仰規準の中の「教理の体系」だけに拘束されるかのように語られる場合もあり、教理の体系に属さない部分には拘束されず、だから、「私たちはウ信条全体を採っているのではない」という意見さえ、聞かされることがある。

（8）『日本基督改革派教会大会記録合本（創立大会〜第一〇回定期大会）』の脱落補足。この合本では、極めて重要な記録が抜け落ちている。一九九四年一月に大会出版員会が「脱落補足」を配布している。なお、ここで「前文」も可決しているが、この段階では「前文」は存在していない。この大会中に前文の草案が岡田稔、春名寿章、松尾武によって作られ、「次期大会ニ提出スベキ草案トシテ」これが受け入れられた。しかし、第二回大会記録には草案に関する記録はなく、前文本文が正式に受け入れられた記録はない。

（9）「同合本」九頁。

（10）同書、一一三頁。

（11）同書、一一五—一一六頁。

（12）ただし、一九八一年一〇月に聖恵授産所出版部を発行所として新装出版されたものでは、「解説」は短縮された「序」に代えられているので注意を要する。

（13）「同合本」一三二頁。

(14) 前年まで「信仰規準翻訳委員会」となっていたが、この年の大会記録から「信仰基準翻訳委員会」となっている。「規準」と「基準」が断りもなく変わることがしばしば見られる。
(15) 「同合本」一五三―一五四頁。
(16) 同書、一七四頁。
(17) 「第一一回大会記録」三七―三八頁。
(18) 同書、三八頁。
(19) 同書、五二頁。
(20) 「第一二回大会記録」五一―五二頁。
(21) この一九五八年版（初版）についての問題点を、榊原が「解説　日本基督改革派教会訳の略史を兼ねて」の中で指摘している。それは①「付録」として収録した、十戒、主の祈、使徒信条の言葉の不統一、誤字、②引照聖句の重大な誤り（引照番号脱落、引照聖句の間違い等）などである。
(22) 榊原康夫「解説　日本基督改革派教会訳の略史を兼ねて」『ウェストミンスター小教理問答書』（発行者・大会出版委員会、印刷所・聖恵授産所、一九七八年）、一〇―一三頁。
(23) 同書、一一頁。
(24) 同書、一三―一五頁。第五版で間違いの訂正がかなりなされたが、なお不十分であることを榊原は指摘している。
(25) 同書、一四頁。
(26) この年の報告から委員会名が「信条翻訳委員会」となっている。
(27) 「第一四回大会記録」五一頁。
(28) 「第一五回大会記録」四九頁。

(29)「第一六回大会記録」三九頁。
(30)「第一七回大会記録」五一頁。
(31) この報告では、委員から渡辺がいなくなり四名となっている。
(32)「第一八回大会記録」五八—五九頁。
(33)「第一九回大会記録」によると、初版二五〇〇部が公刊され、委員会を通して一〇三〇部が販売された。
(34)「第二四回大会記録」一三〇頁。
(35)『ウェストミンスター大教理問答』新教出版社、一九七〇年、一五七頁。
(36)『ウェストミンスター大教理問答』日本基督改革派教会信条翻訳委員会訳、新教出版社、一九六三年、一二九—一三二頁。なお、あとがきを記したのは岡田稔である。
(37)『ウェストミンスター信仰基準』日本基督改革派教会大会出版委員会編、新教出版社、一九九四年、五三頁。この本は全体の通しで頁を数えていない。あとがきは、小教理の頁の最後にある。
(38) 日付けの間違いは、岡田稔訳『ウェストミンスター大教理問答』(活水社書店、一九五〇年)からすでに始まっている。巻頭の「訳者のことば」には「ウェストミンスター信条は三部から成り、信仰告白は一六四七年四月二九日、小教理問答書は同年一一月五日、大教理問答書は翌年四月一四日完了の旨議会に報告せられてをる」と記されている。岡田のこの誤りは、おそらくヘザリントンの書物を鵜呑みしたことによる。ヘザリントンは「小教理問答は一六四七年一一月五日に、大教理問答は一六四八年四月一四日に下院に提出された」と誤って記している(William Maxwell Hetherington, *History of the Westminster Assembly of Divines*, 3rd edition, 1856; reprint edition, 1993, p.301)。
(39)「第一八回大会記録」五八—五九頁。

(40) 同書、八三頁。
(41) 「第一九回大会記録」八三—八四頁。なお新教出版社から発刊された「ウェストミンスター信仰告白」には「日本基督改革派教会信条翻訳委員会訳」と表紙に明記されている。
(42) 同書、九一頁。
(43) 「日本基督改革派教会大会記録合本（創立大会〜第一〇回定期大会）」四〇頁。
(44) 一九五三年政治規準、第一四一条。
(45) 『日本基督教会歴史資料集（4）』日本基督教会歴史編纂委員会、一九七七年、二〇—二二頁。
(46) Philip Schaff, *The Creeds of Christendom, volume I The History of Creeds*, revised by David S. Schaff, Baker, 1931, pp.806-809.
(47) 「第一六回大会記録」六一頁。
(48) 「第一七回大会記録」七三頁。
(49) 「第二九回大会記録」六七—六八頁。
(50) S. W. Carruthers, *The Westminster Confession of Faith, being an Account of the Preparation and Printing of its Seven Leading Editions, to which is appended a Critical Text of the Confession with Notes thereon*, Manchester: Aikman & Son, 1937, p.127.
(51) 矢内昭二「教会と国家　第五回」『まじわり第九巻六号』一九七三年八月、八頁。
(52) 村川・袴田訳（『ウェストミンスター信仰告白』一麦出版社、二〇〇九年）の当該箇所の翻訳は次の通りである。「ただ神のみが良心の主であって、神は、何事においてであれ、その御言葉に反するような、また、信仰や礼拝に関わる事柄であれば、御言葉に付加されるような、人間の教説と戒めから、良心を自由にされた」。

(53) 一九四二年に南長老教会も増補しているが、それは「第九章　聖霊について」「第一〇章　福音について」で、以下章の数が繰り下げられている。なお、南長老教会の増補については、「ウェストミンスター信仰告白への増補本文とその解説」（日本基督改革派教会憲法委員会第一分科会、一九七八年）を参照。

(54) 袴田康裕『信仰告白と教会――スコットランド教会におけるウェストミンスター信仰告白』（新教出版社、二〇一二年）参照。

(55) 「第三二回大会記録」二三頁。

(56) 「第三三回大会記録」二七―二九頁。なおこの一覧にあるものが、以後どのように扱われたかは不明である。

(57) 「第五一回大会記録」六九頁。

(58) 「第六〇回大会記録」七八―七九頁。

日本キリスト改革派教会におけるウェストミンスター信仰規準
――信条の拘束力について

はじめに

ウェストミンスター信仰規準を教会の信仰規準としている日本キリスト改革派教会の第一の課題として、ウ信仰規準の翻訳と改正に関する問題を先の論文で論じた。[1] 結論として、改革派教会の委員会による翻訳は、その正確さにおいてさまざまな問題があり、「教会公認訳」とは言えないことを明らかにした。そして、信条教会に相応しい「教会公認訳」の作成が急務であることを訴えた。

この論文では、第二の課題について論じていきたい。それは「日本キリスト改革派教会におけるウェストミンスター信仰規準の位置づけに関する問題」である。改革派教会がウ信条を教会の信仰規準として採用しているとは、具体的に何を意味しているのか。その問題について論じてみたい。教会がウ信条を採用していることは、決して抽象的なスローガンであってはならない。また、単なる信条教育への呼びかけでもない。ある教会法的意味を持っていなければならないはずである。つまり、教会法的な実質的効力を伴わなければ、それは単なるスローガンに留まるであろう。

では、その教会法的な実質的効力はいかにして担保されるのだろうか。欧米の長老教会の実例を踏まえた上で、考察していきたい。

1　問題の所在

欧米の長老教会において、信条の拘束力を実質的に担保していたのは、牧師・長老・執事が任職される際の信条に対する誓約（あるいは署名）であった。すなわち、信条に対する誓約や署名は、その誓約者を拘束し、誓約に反する言動は、教会法的に処分されるのである。それゆえ、信条の拘束力に関する議論は、この信条に対する誓約や署名の文言やその意味に関する議論に集約される傾向があった。欧米の長老教会は、このような信条についての同意誓約・署名論争を繰り返してきたのである(2)。そして同意誓約・署名の変化が、教会における信条の拘束力の変化となり、教会そのものを大きく変えることになったのである。

では、日本キリスト改革派教会はどうであろうか。改革派教会では、教師任職式、説教免許授与式、また長老・執事任職式において、聖書に関する誓約に続いて、信条に対する誓約が求められる。この誓約の言葉が政治規準の付則に記されているもので、次のものである。

①あなたは、旧・新約聖書が神の言葉であり、信仰と生活の唯一の誤りなき規準であると信じますか。

②あなたは、私たちの教会の信仰規準を、聖書の真理を体系的に示すものとして誠実に受け入れますか。

①が聖書に関する誓約、②が信条に関する誓約である。信条に関する誓約は、教会員には求められ

ない。それゆえ、ウ信条が教会の憲法であることを実質的に担保するのが、この牧師・説教免許授与者・役員の誓約であると言える。

ではこの誓約はどのような意味なのだろうか。「体系的」という言葉を捉えて、「体系として採用する」という言葉を耳にすることがあるが、それはどういうことなのだろうか。この誓約の言葉が、ウ信条が教会の憲法であることを実質的に担保するものであるとすれば、その意味する内容は極めて重要である。しかし、その意味の理解が曖昧なのではないのか。それが曖昧であるとすれば、信条の教会における実質的拘束力もまた曖昧なのではないか。

この論文では、この誓約の言葉の問題を取り上げ、その上で、改革派教会としての課題を明らかにしたいと思う。

2　三つの前提

最初に前提となる三つのことを確認しておきたい。第一は、改革派教会の信条に対する誓約の言葉は、米国南長老教会政治規準にある誓約の言葉の翻訳であることである。上記①と②の英文は次のとおりである。

(1) Do you believe the Scriptures of the Old and New Testaments to be the Word of God, the only infallible rule of faith and practice?

(2) Do you sincerely receive and adopt the Confession of Faith and Catechisms of this Church, as containing the system of doctrine taught in the Holy Scriptures?[3]

この⑵の英文を翻訳して作成されたのが右記②である。日本語らしくするための変更はやむを得ないとしても、文の基本構造は継承する必要があるであろう。

英文では、「誠実に」（sincerely）「受け入れ、採用する」（receive and adopt）その対象（目的語）は明確である。それは「この教会の信仰告白と教理問答」（the Confession of Faith and Catechisms of this Church）である。それを「誠実に、受け入れ、採用する」のである。これが主文である。as containing 以下は、接続詞 as を加えた分子構文である。主文との意味上の関係は、〈理由〉であろう。つまり、「この教会の信仰告白と教理問答」は、「聖書で教えられている教理の体系を含んでいるので」、「あなたは、この教会の信仰告白と教理問答を、誠実に受け入れ、採用しますか」と質問しているのである。

この基本構造が、日本語の誓約文では曖昧になっている。分子構文以下の部分を組み込んで一文にしたことによって、ニュアンスが随分変わっている。「聖書の真理を体系的に示すものとして」が、事実上「誠実に受け入れる」にかかっている。「受け入れる」という動詞にかかる副詞的な意味となり、受け入れ方を規定するニュアンスに変わってしまっている。そこから、「聖書の真理を体系的に示すものとして」、私たちの教会の信仰規準を受け入れるのであって、単に「教会の信仰規準を受け入れるのではない」という言い方がなされる。ウ信仰規準を受け入れているのではなく、その中にある「聖書の真理の体系」だけを受け入れているという言い方さえなされるようになっているのである。

しかし、これは少なくとも、南長老教会の誓約文からは考えられないことであろう。ここも翻訳がもたらした誤解だと言ってもいいかもしれない。いずれにせよ、改革派教会が倣った南長老教会の政治規準では、「誠実に受け入れ、採用する」対象は「この教会の信仰告白と教理問答」、すなわちウ信条なのである。これが第一の前提である。

第二の前提は、改革派教会の創立者たちは、欧米の保守的な改革長老教会のあり方を真似ることを目指していたということである。それは、この誓約の言葉と意味についても言える。改革派教会は、少なくとも創立時において、南長老教会や正統長老教会とは異なる、独自の同意誓約のあり方を目指したということは、文献上確認することはできない。改革派教会は、南長老教会と同じように、ウ信仰規準という詳細信条を受け入れる教会を目指し、それを担保するために、南長老教会と同じ役員の誓約事項を定めたのである。決して、当初から、南長老教会の誓約とは異なる、「体系として採用する」という特殊な採用の仕方をしたのではなかった。これが第二の前提である。

第三の前提は、日本キリスト改革派教会はその歴史の中で、この同意誓約の意味を本格的に議論したことはないこと、そして、この意味を大会的に決定したことはないことである。以下で紹介するように、ウ信条と改革派教会の関係について、まったく議論がなかったわけではない。個人的な見解や、委員会による見解はあった。しかし、少なくとも誓約の意味についての本格的な議論や、その意味を大会的に決定したことはないのである。それが第三の前提である。

これらのことを前提とした上で、日本キリスト改革派教会の信条の問題を明らかにしたいと思うが、まず、先人たちがどのような見解を持っていたか、それを確認しておきたい。

3　ウェストミンスター信条と改革派教会との関係（信条の拘束力）に関する改革派教師たちの見解

(1)松尾武（一九〇八—一九六七）

最初に紹介したいのは、創立者の一人である松尾武の見解である。松尾武は、創立時における改革派教会の神学をリードした神学者の一人であった。彼の見解は、一九四八年五月に出版された『改革派世界』創刊号に掲載された「日本基督改革派教会の神学的戦い」[4]において明らかにされている。彼は「改革派神学は信条神学である」[5]と述べ、さらに「われらの立場からこれを簡単に言えば、改革派神学とはウェストミンスター信仰告白と大小教理問答をもって成る信仰規準の神学である」[6]と言う。そして改革派教会は、「この信仰規準が改革派神学の信条的表現として今日まで最善のものであることを信じ、ウェストミンスター信仰告白、大小教理問答をもってわれらの教会の信条として採用したのである」[7]とする。

さらに彼は、「信条というものの本質の第一点は教会的、すなわち公共的というところにある」[8]と言う。つまり、それは個人的なものではない。教派的なものである。それゆえ第二として「信条神学というものには神学における教会的規範」[9]という意味があるのである。まさに「信仰告白のもつこの教会的規範性の主張というこの一点を見逃した信仰告白論は改革派教会の信仰告白観の根本的なものを見逃したものと言わねばならぬ」[10]。

松尾はこのようにして、改革派教会がウ信条を採用する枠組みを提示した。そして松尾の貢献として見落とすことができないのは、竹森満佐一の改革派教会批判に、正面から反論したことである。竹森は、一九四九年五月に出版された『福音と時代』(Vol.4, No.5) に「改革派教会―プロテスタント教会のあり方 (5) ―」という論文を発表し、その中で改革派教会批判を展開した。その批判点の一つが、改革派教会がウェストミンスター信条を採用した点であった。その中で竹森は次のように述べている。

「ウェストミンスター信仰告白が、改革派教会の諸信条の中最も優れたものの一つであることは、誰しも認め得るところであると思う。その意味で日本改革派の人々がこの信条を固執しようとする気持は判らぬではない。しかしこの信条は非常に精細な議論にまでわたっているために、神学と信条との区別がつかないという非難を受けるほどである。それ故に最初からその起草者らすらこの信条を受容れる際には大体の骨子を受容れれば足るものとしていたのである。事実米国においてメーチェンらが長老教会を脱退したのもまたこの点に不満があったのが一つの理由であったであろう。その様にこの信条を細部にいたるまで遵守し得る様な教会がどれほどあるかが問題なのである。細部にいたる異論を許さぬとすればおそらくどこにおいてもこの信条による教会を建設することは難しいのではあるまいか。しかしてもし大綱だけというのであれば、この信条をもって他と別れる理由がなくなるのである」[11]。

竹森は、ウ信条のような詳細な信条を、日本の教会が採用することに批判的であった。彼は「日本において誠実に教会を建設せんと志す者が、ニカヤ信条を主張するのは、ニカヤ信条が教会建設の最低線でありかつ日本の現状がこれ以上を要求し得ない状態にあるからに他ならない」[12]として、詳細信条を採用した改革派教会を批判した。

これに真正面から反論したのが松尾武である。松尾は『改革派世界』（一九四九年、五・六月号）に『「改革派教会」論を読みて」を掲載した。松尾はその中で、日本のプロテスタント教会史を踏まえた上で、ニカヤ信条ではなく、ウェストミンスター信条を採る教会形成の必要性と可能性を論じている。実はその中で、ウ信条の採用の仕方に触れているのである。彼はこう述べている。

「『大体の骨子』と云うけれど、これは極めて不正確な言い方である。それは、専門的には米国に於いては、『聖書に教えられたかの教理体系（the system of doctrine）を含むものとして』受入れる事が教職、長老の誓約であったのである。十九世紀末、米国長老教会のオールド・スクール、ニュウ・スクールの二つの流れが合流するに当って、『体系』という点が問題になり、チャールズ・ホッジとヘンリー・B・スミスが、夫々の代弁者として立ってこの『体系』と云う意味の理解に就いて完全な一致に達したのであった。それによればウェストミンスター信仰規準採用の正道は二つの誤れる道を拝する、その一は、本質説（substance of doctrine）であり他は全命題説（every proposition theory）である。正道は字の如く体系説（system-of-doctrine view）である[13]」。

松尾は、米国長老教会の議論を踏まえて、体系説が正道だと主張した。確かに「本質説」であれば、ウ信条を採用していても、実際はその「本質」しか受け入れないのであるから、竹森が言うように「この信条をもって他と別れる理由がなくなるのである」。改革派教会が、その道を取らなかったことは確かである。しかし、体系説が何を意味するかは、それほど自明とは言えない。ある人たちはウ信条の中にある「本質的体系だけ」を強調して、「本質説」に近い理解をしてきたように思える。つまり、ウ信条の中に「拘束される部分」と「拘束されない部分」があるという理解である。いずれにせよ、松尾が米国長老教会の理解を紹介していることは重大である。改革派教会は、公的な確認はなされていないが、この点でも米国の長老教会に倣おうとしていたと言えるであろう。

なお、『日本基督改革派教会史――途上にある教会』の中でも、竹森と松尾の論争は次のように紹介されている。

「竹森論文は、すべての教職者が、細部にいたるまでいかなる異論もなしに、ウェストミンスター信仰告白の全箇条を受けいれることは不可能ではないかという。そのとおりである。それでは日本基督改革派教会は、どのような意味でウェストミンスター信仰告白を教会の信仰告白として理解しているのだろうか。教会役員の誓約は、どのような意味での同意を告白者にもとめているのだろうか。

この批判への回答の中で、松尾武は、改革派教会がウェストミンスター信仰告白をもつことの神学的意味をのべている。改革派教会は、告白の『大綱だけ』に同意すればよいとしているのではない。もとめられるのは、信条の『大綱』ではなく、この信条が表明する『教理の体系』(the system of doctrine)である。信仰告白は生きた教理の体系を表明しているのである。だからこの体系は、個々の命題に分解される性質のものではないし、かといって一字一句が教会の信仰を拘束するようなものでもない。信条の『全ての命題』でもないが、また単に信条の『本質』的な部分でよいとするのでもない。どこまでも、生きた教理の体系としての信仰告白である。そのうえで松尾は、『我々は、若い日本の教会に於いて、かくの如き信条によるこの教会の樹立の可能を信ずる』とのべている[14]」。

この松尾によって紹介された米国長老教会の理解が、改革派教会の理解として、一応、受け止められてきたと言えるであろう。

(2)岡田稔(一九〇二―一九九二)

岡田稔は、松尾武と同様創立者の一人であり、改革派教会の指導的神学者であった。神戸神学校、また中央神学校において、フルトンからウォーフィールドを教えられ、ウォーフィールドを通して改革派神学を身に着けていった。[15]また、一九三四年に米国ウェストミンスター神学校に留学し、ここでメイチェンの薫陶を受ける。「ウェストミンスターで私はやはりメーチェンの講義および説教、ラジオ講座、こういうものに一番心をひかれました」[16]と述べている通り、メイチェンの強い影響を受けている。それゆえ、岡田の神学形成に決定的影響を与えたのは、ウォーフィールドとメイチェンの二人だと言える。

ではウェストミンスター信条に対してはどうなのか。なぜ改革派教会創立にあたり、ウ信条を教会の信仰規準にしたのか。岡田の学んだ中央神学校は南長老教会による神学校であるが、南長老教会の特徴はウ信条に堅く立つことであった。「信条はやはりウェストミンスター信条というのは我々が南長老系で堅く覚えたもの」と岡田は述懐している。また「中央神学校においても信条といえばウェストミンスター信条だった」[17]とも述べている。さらに、岡田が学んだウェストミンスター神学校は、プリンストン神学を受け継ぎ、ウェストミンスター信条に堅く立つことを志していた。ウェストミンスター神学校を創設したメイチェンが建てた正統長老教会もまた、ウェストミンスター信条に堅く立つことを目指した教派である。こうしたことから、新たに形成する教派の信条をウェストミンスター信条にすることは、自明のことであった。ウェストミンスター信条を教会の信仰規準とすることについては、ほぼ議論はなかったと言える。(18) 岡田をはじめ創立者たちは、ウェストミンスター信条を採用している南長老教会や正統長老教会を手本として、そのような教会を目指したのである。

岡田自身が、ウェストミンスター信条を採用した意義を語った文章は多くない。まして、松尾が紹介したようなその「採り方」については特に何も語っていない。米国の保守的な長老教会と同じような採用の仕方を考えていたと言える。

ただ、信条と改革派教会を規定する決定的な文章を岡田は記している。それは、創立宣言に含まれている「信仰規準の前文」である。創立大会初日の一九四六年四月二八日に春名寿章が「信条はウェストミンスター信仰告白並びに大小教理問答にこの信仰規準が世界的信条を経来たれるもの、即ち正統信仰の展開完成せるものなる点を表す前文を付加したるもの(19)」とすることを提案し、それを受けて、岡田稔、春名寿章、松尾武の三名がその作成に当たることになった。その草案を記したのが岡田である。二八日夜から二九日朝にかけて岡田が草案を記し、他の委員が修正した。(20) 岡田によって記された前文によって、日本キリスト改革派教会の信条に対する理解、姿勢、またウェストミンスター信仰規準を採用する理由も明らかにされていると言える。そして、これが信仰規準に加えられたことによって、教派の信条理解、ウェストミンスター信条採用の姿勢などが規定されてきたと言える。(21)

(3) 藤井重顕(一九一三―一九九二)

藤井重顕も、岡田や松尾と同様、創立者の一人である。中央神学校、カルヴィン神学校に学び、後に、神戸改革派神学校教授として活躍した。藤井は一九五〇年一〇月の第五回定期大会付帯神学講演会で「ウェストミンスター信仰規準の意義」という格調高い講演をしている。この講演が、一九五一年九月に発行された『改革派世界』（一五号）に収録されている[22]。

藤井はこの講演の中で、日本キリスト改革派教会が採用したウェストミンスター信仰規準がいかにすばらしいかを次のように力説している。「過去三百年間、ウェストミンスター信仰規準は改革派諸教会に於いて誠実に告白せられ、基督者の能力の源泉となり、我らも亦賛美と感謝をもってこれを告白採用するようになった。このような理由は何処に在るのであるか。此処にこそ聖書に教えられた唯一の教理体系が、最も完備して提供されているからである。神の恩恵の純粋なる福音が、最適の言葉で具現されている。このウェストミンスター信仰基準の中に、恩恵宗教の全内容が最も完備し最も豊かに磨をかけられ、注意深く異端誤解から守られ、又生き生きとして表明せられているからである[23]」。

さらに藤井はウ信条の三つの意義を語っている。それは、歴史的意義と学問的意義と霊的意義である。その結論として、彼はこう語っている。「ウェストミンスター信仰規準は、歴史的に言えば、恩恵の宗教の本質についての最後的結晶であり、学問的に言えば、人間によって所持された最も豊富な最も精確な又最もよく防御された叙述であり、若し世界に恩恵宗教が固辞されねばならぬとするならば、この全てが所持、擁護されねばならぬものであり、更に霊的に言えば、生命ある霊的宗教の明白な本質を表明しているものに他ならぬ[24]」。

藤井はこうしてウェストミンスター信仰規準の信条として意義を力説し、改革派教会がそれを採用したことの正しさを述べている。しかし、信仰規準の「採り方」のような議論は特に展開していない。

(4) 矢内昭二（一九二七―二〇一六）

矢内昭二は、創立者の一人であった松尾武によって信仰に導かれ、一九五三年に神戸改革派神学校を卒業している。その後、東京教会牧師として奉仕し、改革派教会におけるウェストミンスター研究の第一人者として教派の神学的営みをリードした指導者として活躍した。それゆえ、ウェストミンスター信条に関する著述は非常に多い。

その矢内が改革派教会の役員の誓約の意味について、「信仰告白なくして教会なし[25]」という小論の中で次のように述べている。

「ここには、日本基督改革派教会がどういう意味でウェストミンスター信仰規準を受け入れているか、その姿勢がはっきりと示されています。ウェストミンスター信仰告白並びに大小教理問答を日本基督改革派教会が採用した時に、それが『聖書の真理を体系的に示すもの』（as containing the system of doctrine taught in the Holy Scriptures）であるという意味においてであって、それ以上でもなく、それ以下でもありません。ここには次の二つのことが含まれています。

まず第一に、信仰規準は教会にとって第二次的な規範であって、それが聖書の真理を体系的に示している限りにおいて権威があるということです。第二に、信仰規準は、それがキリスト教の本質的教理を含んでいるからとか、逆に信仰規準の全命題を信ずべきであるとかというのではなく、この両極端を排して、文字通り『聖書に教えられたかの教理体系（the system of doctrine）を含むものとして』受け入れられるべきであるというのです。

この点を正しく理解することが非常に大切なのであって、この点を正確に理解しないところから、ウェストミンスター信仰規準は非常に精細な議論にまでわたっているために、神学と信条の区別がつかないとか、自由がないとか、誤解に由来するいろいろの不当な非難がなされるのです[26]」。

また、一九七三年九月一日発行の『まじわり』（第九巻第七号）の中でも、次のように述べている。

「現行のウェストミンスター信仰基準は余り改正（訂正、削除、付加）などしないで用いていくのがよいと思いますが（そういうことをしていくと煩瑣で切りがないし、もともと、わたしたちの教会がウ信仰基準を採用した時、『聖書に示サレタル教理の体系トシテ』採用したのであって、個々の細かい点の表現や神学的主張まで全部その通り、といっているわけではないのですから、聖書に常に教えられ、ウェストミンスター信仰基準の路線を現代的課題と対決させて展開するように解釈していくことこそウ信仰基準採用の真の精神だと思います[27]）」。

ウ信条を「体系として採る」という理解が、改革派教会に浸透したのは、矢内の影響が大きいと言えよう。しかし、「わたしたちの教会がウ信仰基準を採用した時、『聖書に示サレタル教理の体系トシテ』採用したのであって、個々の細かい点の表現や神学的主張まで全部その通り、といっているわけではない」というのは、本当に事実だと言えるのだろうか。創立者たちは、本当にそのような意識でウ信条を採用したのだろうか。議論の余地があるように思える。

(5) 榊原康夫（一九三一―二〇一三）

榊原康夫は、一九五七年に神戸改革派神学校を卒業し、一九六七年以降は東京恩寵教会牧師として長く奉仕した。多くの著作によって、改革派教会のみならず日本の福音主義教会にも大きな影響を与えた神学的指導者の一人である。専門は聖書学であるが、ウェストミンスター信仰規準に対する熱い思いを持っていた。「『ウェストミンスター』をやめることは、改革派であることをやめることであります[28]」とさえ述べている。

榊原のウ信条に関する記述で特に強調されているのは、「前文」と共に理解することである。榊原は「この『前文』は、日本のキリスト教歴史の中で書かれた最も重要な教会公文書の一つである、と言っても言い過ぎではないと私は思っています[29]」と述べている。

そして「前文」の大切な主張として、第一に「改革派教会の信条が『ウェストミンスター信条』だけではないこと、四つのエキュメニカルな信条を他の教会と共に『共有』していることを明らかにしている[30]」点を挙げている。さらにもう一つの大事な点として、次のように述べている。

「『前文』が明らかにしているもう一つの大事な点は、改革派教会は『ウェストミンスター信条』だけをとったのでなく、『三十数個ノ信条ノ中ニテ』『最モ完備セルモノ』としての『ウェストミンスター信条』をとったということ、大胆に言いかえれば、『ウェストミンスター信条』に代表される改革派諸信条の全体をとったということです[31]」。

さらに役員の誓約に関わるウ信条の採用の仕方について、次のように述べている。

「第二に注意すべき点は、『ウェストミンスター』をとる場合、逐語的字義どおり一言一句そのままとるのではなくて、『聖書ニ於イテ教ヘラレタル教理ノ体系トシテ』とるのです。この事もすでに大会が、国家論のところ（『信仰告白』二〇・四、二三・三、三一・二）や結婚できない親等のところ（二四・四）などを、改訂したり削除してきた事実から明らかです。家にたとえれば、ある柱は除いて壁をとり払っても家全体に支障はないが、ある柱はそれをとると屋根が落ちてしまう大黒柱である、というような違いがあります。『ウェストミンスター』が語るすべてのことやすべての教理が、一様に同じ重要性をもつのでなく、体系を崩さないで修正できるものがあるのです[32]」。

この「教理の体系」に関しては、一九七二年四月一日『まじわり』（第八巻第四号）でも、次のように述べている。

「この『教理体系』という表現には、すでに合衆国長老教会の歴史のなかで十分な議論があり、本質だけを採る見解と全命題を文字通り採る見解とを退けて、教理体系を採るという見解が定着したいきさつは、故松尾教師の前掲論文に紹介されています。チャールズ・ホッジはそれを『アウグスティヌス・カルヴァン的体系』と呼んで全キリスト教に共通するもの、カトリックに対して全プロテスタントに共通のもの、ルーテル派とアルミニウス派とに対して全改革派に共通のもの、という三項目を含むものだとしました。わたしたちの『信条前文』を注意深く読まれると、まさにこの同じ立場が表明されていることに気付かれるでしょう。その証拠に、同じ合衆国の長老教会で行われたとおり、わたしたちの教会もウ告白二〇章四節末尾文と二三章三節を改訂し（第四回大会）、二四章四節末尾文を削除しました（第一七回大会）[33]」。

以上の榊原の見解は、矢内の見解と共に、改革派教会の信条理解に大きな影響を与えてきたと言える。

(6) 橋本龍三（一九二九―）

橋本龍三は、一九五三年に神戸改革派神学校を卒業し、一九五六年以降四〇年間、灘教会の牧師として奉仕した。一九七五年から一九八七年まで神戸改革派神学校校長として奉仕するなど、改革派教会の神学を導いた指導者の一人である。

改革派教会の信条理解について、一九七七年三月七日に開かれた第五回日本改革教会協議会で講演しており、後に論文として発表されている。その中で橋本は、改革派教会がウェストミンスター信条を教会の信仰規準としていることの意味を次のように語っている。

「日本基督改革派教会は、単なる福音主義教会の形成ではなく、この祖国に歴史的改革派信仰に立つ教会の建設を自らの教会の使命として自覚させられている教会であります。その教会形成の青写真を聖書に基づいて最もすぐれて表現している信条をウェストミンスター信条と確信するのであります。教会は真理の柱であり、真理の基でなければならないと確信します。そのために、聖書において与えられている神の真理を最も体系的に論理的に表現しているウェストミンスター信条は、真の改革派教会の形成のために最もふさわしい『武器』ということができます。教会はパウロがエペソ教会の長老たちに説教しましたように、『神の御旨を皆余すところなく語る』使命を担っております。ウェストミンスター信条は、最も整えられた形で聖書に啓示された神の聖旨を表現するものであります。従って、私たちの教会の宣教に最もすぐれて貢献する信条であると確信するものであります」[34]。

橋本はこの講演において、簡単信条ではなく、ウェストミンスター信条を採用することの意義を格調高く語っている。そして、誓約については次のように述べている。

「改革派教会は、会員の洗礼時の誓約にウェストミンスター信条は一つも含みません。教師、長老、執事だけが誓約を要求されます。そこには、私たちを救いに到らせるために告白しなければならない基本教理と、教会が、自らの教会を建設するためにその土台としなければならない教理の体系とが区別されているからであります。信者はすべてその教理を学ぶように奨励されます。しかし信仰告白の条件として要求されません。その場合にも、聖書に教えられたかの教理体系として受容れるのであって、すべての命題を条項的に受容れることを求めるものではないのであります[35]」。

ここでも役員に要求されるウェストミンスター信条に対する誓約は、「聖書に教えられたかの教理体系として受容れるのであって、すべての命題を条項的に受容れることを求めるものではない」と述べられている。これは矢内と同様の見解であると言える。

以上、改革派教会の指導者たちの見解を概観してきた。彼らに共通しているのは、概ね次のような主張であると言える。

①ウェストミンスター信仰規準が、歴史的改革派教会の信条の中で最適なものであるという確信。

②日本において、簡単信条ではなく、詳細信条であるウェストミンスター信仰規準を採用して教会を建設することの意義と可能性の確信。

③「信仰規準の前文」が、改革派教会がウェストミンスター信条を採用した意義や理由を示す重要な文書であるという主張。

そして問題は「前文」および役員の誓約の言葉にある「教理の体系」の意味である。これについては、松尾が最初に紹介し、それを展開する形で、特に矢内が積極的に語ってきたように思う。前掲論文でも、ウ信条の採用の姿勢を正しく理解することの大切さを語っている。

しかし、このウ信条を「聖書の真理を体系的に示すもの」として採用するということの意味は、誰も誤解することのないような明確さを持っていると言えるのだろうか。ホッジは、信条の中の「本質」だけに拘束されるのではなく、また逆に「全命題」を受け入れるわけではないと語ったとされるが、では、ウ信条の中には受け入れる部分と受け入れない部分があるということなのか。その区別は何によるのか。誰が決めるのか。この区別を認めれば、結局、ウ信条の中の「本質」だけを受け入れることと同じになるのではないのか。また、何が「本質」なのか。誰が決めるのか。また「本質」ではなく「教理の体系」だとしても、「教理の体系」に含まれる部分と含まれない部分があるとし、それを個々人が判断するなら、教会の信仰規準として機能するのだろうか。こうした疑問が浮かんでくるのである。

私自身がこの問題を考えざるを得なくなった経験がある。二〇〇六年一〇月の大会教師会で「教会的戦いの規範としてのウェストミンスター信仰告白二三章」という題で講演した。ウェストミンスター信仰告白第二三章の釈義に基づき、改革派教会がどのように「教会と国家」の問題を捉え、また具体的に戦わなければならないかを語った。そして質疑応答の際に、次のような質問が出たのである。「私たちはウェストミンスター信条を『体系として』採っているのであるから、そうした個々の命題に基づいて議論するのは、違うのではないか」。

この質問を受けたとき、これこそまさに、ウ信条の教会的拘束力を破壊する議論だと感じた。

「個々の命題には拘束されない」「それは『教理の体系』には属さない」と言ってしまえば、何にも拘束されることはないのである。これは、決して、この質問をした人だけの問題ではない。改革派教会の信条に対する拘束力の問題は、極めてあいまいなのである。そして最初に指摘したように、信条に対する役員の誓約の意味も、非常にあいまいであり、その意味は確定していないのである。

そこで次に、この「教理の体系」の意味の出所とされるチャールズ・ホッジの見解をまず検討してみたい。彼が主張したのは、実際何だったのかということである。そして改革派教会は、それを正しく理解してきたのだろうか。その点を検討してみたい。

4　ホッジ論文の意味と日本キリスト改革派教会における理解

(1) チャールズ・ホッジ論文の分析

チャールズ・ホッジ（Charles Hodge, 1797-1878）は、一九世紀を代表する改革派神学者であり、プリンストン神学、オールド・スクールの代表的神学者として活躍した。教会史家のオールストロームは、「彼の学識、教義上の厳格さ、信条神学伝統の尊重、知性的議論への固執などの傾向は、厳格な保守主義者の数多くのグループを、反知性的で、強引に党派的な諸活動や路線設定から守った[36]」と評している。

彼が、一八六七年七月の『プリンストン評論』（the Princeton Review）に発表した論文が「ウェストミンスター信仰告白を採用するとは何を意味するのか[37]」である。この論文はオールド・スクールのウェストミンスター信条への同意誓約の意味を教える代表的論考である。一八六九年にホッジの息子で、同じくプリンストン神学校で活躍したA・A・ホッジが『信仰告白』(*The Confession of Faith*)という題のウェストミンスター信仰告白の講解書を出版したが、その付録にこの論文が収められている。

この論文を、段落ごとに分析してみたい。なお引用は、二〇〇九年に憲法委員会第一分科会が発表した「一部修正版」を修正しつつ用いることとする。

(a)第一段落

第一段落で問題の所在が明らかにされる。この論文で取り扱うのは、牧師と役員の誓約の言葉、すなわち、ウェストミンスター信仰告白と教理問答を、聖書の真理を体系的に示すものとして受け入れることの意味であることが示される。そして、三つの解釈があることが示される。

第一が「信仰告白にあるすべての命題(every proposition)が、任職に際してなされる宣言に含まれるとする理解」である。これが「全命題説」である。

第二が、採用(adopt)されるのは「教理の体系」(system of doctrine)とする理解である。

第三は、信仰告白に含まれている「教理の体系」とは、「キリスト教の本質的教理」(essential doctrines of Christianity)を意味するとする理解である。

(b)第二段落

第二段落では、第一の見解である「全命題説」が説明される。ホッジは、三つの点を挙げて、この見解に反論している。

第一は、「ウェストミンスター信仰告白に含まれているが、アウグスティヌス主義や改革派の体系の完全性（integrity）には属さない命題が多くある」ことである。例として、教皇を反キリストとしていること（二五章六節）や、レビ記一八章の今日的有効性（二四章四節）を挙げている。

第二は、「そのような解釈基準が実行されたなら、実際、教会を無数の断片に分割すること」が避けられないことである。そして「何千人もの教職者や長老の集団が、これほど広範かつ詳細な信仰定式に含まれる項目すべてについて同じように考えることは、不可能である」という。

第三は、この見解を、合衆国長老教会が「採択された規準」としたことがないことである。「教理的な誤りに対する告発は、教理の否定——その解説ではなく、教理そのものの否定——を含むと認められた誤り以外には、これまで企図も裁可もされたことがない」という。

第二段落の後半では、その具体例として、信仰告白第六章にある「原罪の教理」を取り上げている。ホッジはこの教理が、「改革派すなわちカルヴァン主義の体系にとって本質的なもの」と明言する。それゆえ、「この教理を否定する者は皆、私たちの教会で教えられている体系を拒否する」のである。しかし続けてホッジはこう論じる。「しかしながら、原罪と原罪を説明する方法とは、別の問題である」と。そして「通常の出生によってアダムから生まれる全人類が罪の裁きの状態に生まれる」という事実の説明には、少なくとも三通りの仕方があると言う。第一が信仰規準にある聖書的説明である。契約におけるアダムの代表の原理に基づく説明である（信仰告白六章三節）。第二は現実主義者（realists）の説明である。彼らは原罪を認めるが、代表責任の原理を採らない。第三は、それらを受け入れず、原罪の事実は遺伝の一般法則によって説明すべきであるとする。そしてホッジは最後にこう述べている。「これらの見解は等しく聖書的である訳ではなく、また、等しく我々の信仰告白と調和しているのでもないが、それにもかかわらず、原罪の教理を損なわないし、この教理が本質的な一部分を成している教理体系の拒否をもたらすものではない」。つまりホッジは、原罪の教理は「教理体系にとって本質的なもの」で、「教理の体系」に属するものであるが、その原罪の教理の説明については、信仰告白の記述は聖書的であるけれども、それは「その教理にとって本質的ではなく」、他の説明の仕方でも構わないと言うのである。

(c)第三段落

第三段落は「原罪の教理」に続く、二番目の例示である。それは「無力性の教理」(the doctrine of inability)である。ウ信仰告白で言えば六章四—六節、特に九章三節である。ホッジはこれを「すべての改革派教会によって受け入れられている教理体系にとって本質的なもの」という。しかしその教理の説明については、次のように述べている。「この事実〔堕落した人間の無力さ〕が認められるのであれば、無力性が自然的と呼ばれようと、道徳的と呼ばれようと、また、それがまったく意志の歪曲にだけ帰されようと、あるいは知性の無理解にだけ帰されようと、本質的なことではない。これらの相違点は、重要でないのではないが、教理の本質に影響しない」。ここでもホッジは、教理そのものは「教理体系にとって本質的」としつつ、その説明は本質的でないとしている。

(d)第四段落

第四段落は三番目の例示である。ここではウ告白が示す「聖定・創造・摂理論」及び「救いの原理」が取り上げられている。人は、神の永遠の選びと、イエス・キリストの贖いの御業と、聖霊の有効な働きによって、ただ恵みによって救われる。これがウ告白の教理体系であり、誓約者がこれに反することは許されない。しかしホッジはここでも、この教理体系の本質を保持しつつ、「神の摂理的統治や神の恵みの作用の方法については、人々は意見を異にし得る」と述べる。ここでも教理そのものは「教理体系にとって本質的」としつつ、その説明は本質的でないとの議論を展開している。

(e) 第五段落

第五段落では、二番目の解釈法である「教理の体系」説が説明される。ホッジは明確に、教職者に求められているのは「我々の信仰規準に含まれているすべての命題」ではなく、「その体系を受け入れることが求められている」と言う。そして「その体系は一定の確かな教理から成っており、その固有の本質を破壊することなしに、その内のどの一つをも取り除くことはできない」と明言している。その上でホッジは、それらの教理を一つ一つ説明していく。

ここでホッジは、ウェストミンスター信仰告白を順に取り上げ、要点を簡単に述べている。「聖書について」(第一章)、「三位一体について」(第二章)、「聖定と予定について」(第三章)、「創造について」(第四章)、「摂理について」(第五章)。第六章の「堕落と罪について」は既に第三段落で扱ったので省いている。続いて、「契約について」(第七章)、「キリストについて」(第八章)、「自由意志について」(第九章)、「有効召命について」(第一〇章)、「義認について」(第一一章)、「子とすることについて」(第一二条)、「聖化について」(第一三章)、「救いに至る信仰について」(第一四章)、「悔い改めについて」(第一五章)、「善き業について」(第一六章)、「聖徒の堅忍について」(第一七章)、「救いの確信について」(第一八章)、「神の律法について」(第一九章)、「キリスト者の自由と良心の自由について」(第二〇章)である。

ホッジはここまでは、要点を記しつつ、信仰告白を順に取り上げた。そして二一章以下については、要約を省略して、教理のタイトルだけを挙げている。すなわち、「礼拝と安息日について」（第二一章）、「請願と誓約について」（第二二章）、「国家的為政者について」（第二三章）、「結婚について」（第二四章）、「教会について」（第二五章、三〇章、三一章）、「聖徒の交わりについて」（第二六章）、「礼典について」（第二七章、二八章、二九章）、「未来の状態と死者の復活について」（第三二章）、「最後の審判について」（第三三章）である。この二一章—三三章の教理は、「我々の体系にとって奇妙なもの、すなわち、長老教会の中で論争になるような問題を一切含んでいない」。つまり、これらの教理も一章—二〇章までと同様に「教理の体系」に含まれるとされている。ホッジは、ウ告白の教理の全体が「教理の体系」であり、その体系の「固有の本質を破壊することなしに、その内のどの一つをも取り除くことはできない」と述べているのである。

(f)第六段落

第六段落は「教理の体系」説のまとめである。ホッジは、この教理体系は、「聖書に啓示された全真理体系の根底にあり、それを支えている」とし、それは「最初から教会の命、また魂」だと言う。そしてこう述べている。「もし教会が、その民の教師、また導き手として受け入れ任職するすべての者たちにこの教理体系の公の告白を要求することに失敗するなら、神と人に対する背信である。オールド・スクールが常に良心の事柄として主張してきたのは、この意味において信仰告白を採るためである」。

ホッジは、この意味での「教理の体系」こそが教会の命だと確信し、この「教理の体系」説こそがオールド・スクールの立場だと言っている。

(g)第七段落・第八段落

第七段落から三番目の解釈法である「本質説」が取り上げられる。この立場は、誓約の言葉における「教理の体系」とは「キリスト教の本質的な教理」に過ぎないとするものである。

そして第八段落で、この「本質説」が主張された歴史を紹介している。1で紹介されているのは、合衆国長老教会の最初のジェネラル・シノッドでの議論である。ここでウェストミンスター信条に対する同意誓約について議論が起こった。スコットランド出身者やスコットランド系のアイルランド出身者は、厳密な同意誓約を望んだが、イングランドやニューイングランド出身者は、ジョナサン・ディッキンソン（Jonathan Dickinson, 1688-1747）に導かれて、そのような「人間的な」信条が課されることに反対した。彼らの立場が「本質説」である。

一七二九年九月一九日の午前中に決議されたのは次のことである。「このシノッドのすべての牧師が、ウェストミンスター神学者会議の信仰告白を、大小教理問答と共に、本質的でなくてはならない箇条において（in all the essential and necessary articles）、キリスト教教理の正統な言葉と体系の、健全な形態として、受け入れ是認すること」、また「それらの信仰告白と教理問答を私たちの信仰告白として受け入れること」。さらに、「牧師や牧師候補者には、信仰告白や教理問答のある箇所について、心のためらい（scruple）を表現する自由があること」。「そしてそのためらいが、教会法廷において『教理、礼拝、政治において、本質的でなくてはならない箇条ではない』とされたならば許されること」である。この「本質的でなくてはならない箇条において」という言葉は、その後のアメリカの同意誓約論争の一つのキーワードになっていく。2にあるように、このような採択の仕方は広く異議申し立てを引き起こし、4にあるように、それに反対して大会を脱会する者もいた。また逆に、5にあるように、教理的誤りにより譴責を受けた牧師が、「大会は福音の本質的教理のみの採択を要求している」として、異議を申し立てることもあった。

3のサミュエル・デーヴィス（Samuel Davies, 1723-1761）も、厳密な意味で大会がウ告白を採択したことに反対した。彼は宗教的自由を強く主張した人物で、植民地における確立した宗教体制を壊すことに情熱を傾けた人物である。

(h)第九段落

第九段落は、第八段落で取り上げられた一七二九年シノッドの結論を述べている。この一七二九年シノッドで採択された教会法を、「一七二九年宣言法」（the Adopting Act of 1729）と言う。ホッジは、「教会には、この自由主義的な同意署名原理を受け入れる一団がいたことは明らかであるが、シノッド自身は決してそれを受け入れたことはない」と言う。そして、一七二九年九月一九日の午後の決議を紹介している。午前中の決議は「予備的決議」であった。午後の決議において、信仰告白の第二〇章と第二三章にあるいくつかの節を除いて、信仰告白と教理問答を彼らの信仰の告白とすることが決められたのである。この「第二〇章と第二三章にあるいくつかの節」とは、国教会主義を前提としている信仰箇条である。つまりこのシノッドにおいて、「宗教の事柄における為政者の権力に関すること」を除いて、全条項にわたって採択された」のである。この立場は一七三六年のシノッドでも確認され、さらに「一七八七年に総会議（the General Assembly）が組織されたとき、既に改訂され訂正されたウェストミンスター信仰告白が、この教会の憲法の一部であると厳粛に宣言された」のである。

ホッジは、*The Constitutional History of the Presbyterian Church in the United States of America* の中で明確にこう述べている。「〔一七二九年〕宣言法は、その執筆者たちによって理解され意図されていたように、信仰告白と教理問答を受け入れる全てのメンバーを、二〇章と二三章のいくつかの特定の節を例外として、その〔信仰規準の〕すべての部分において、拘束していたことは疑いの余地がない」[38]。一七二九年宣言法は、決して「本質説」を採ったのではない。また、二〇章と二三章の一部を除いたことによって、「全命題説」を採ったのでもないのである。

(i)第一〇段落

第一〇段落は「本質説」に対する反論を箇条書きで述べている。①では、「本質説」を不道徳だと言う。「カルヴァン主義教理体系特有の特徴を否定し、キリスト教の本質的原理だけを受け入れながら、カルヴァン主義信仰告白を採ると主張することは、真実でないことを言っていることになる」からである。
②では、「本質説」は、「〔我々の〕教会が基づいている原理、また、教会として常に、それに基づいて行動すると告白してきたその原理そのものに反している」と言う。
③では、オールド・スクールは、この真理の偉大な体系を堅持することが義務であると言う。
④では、「本質説」は「あらゆる戒規の弛緩を促し、教会の純潔を破壊し、絶えざる争いか死んだような無関心さをもたらす」と言う。
⑤では、「本質説」による同意署名原則を教会に確立しようとする企てが、教会の不和と分裂を生

み出さざるを得ないと述べる。それゆえ、違う原理に立つ者は、別の教会を建てるしかないのである。

以上、ホッジの論文を概観してきた。彼の立場は、以下のようにまとめることができる。

①教職者・役員の誓約は、ウェストミンスター信仰告白にある「全命題」を受け入れることでも、「キリスト教の本質的教理」を受け入れることでもなく、ウェストミンスター信仰告白に明らかにされているアウグスティヌス主義的カルヴァン主義的体系である「教理の体系」を受け入れることである。

②ウェストミンスター信仰告白全体、そこにあるすべての教理が「教理の体系」である。ウェストミンスター信仰告白には、「教理の体系」に入る教理と、入らない教理という区別はない。そのような議論もない。

③しかし、個々の命題の中には、「教理の体系」に属さない部分がある。

④「教理の体系」に属さない部分の一部は、聖書的根拠に疑念がある部分である。

⑤「教理の体系」に属さない他の部分とは、教理そのものではなく、その教理の一つの説明と判断される部分である。

⑤ホッジが最も警戒し敵対していたのは「本質説」である。ニュー・スクールが概ねその立場に立っていた。ホッジはオールド・スクールの立場を明らかにしている。

以上がホッジの立場であるが、日本キリスト改革派教会は、このホッジの立場をどのように理解してきたのであろうか。それを次に検討してみたい。

(2) 日本キリスト改革派教会の理解

既に述べたように、ホッジの見解を、正式に改革派教会の見解として教会的に受け入れたことはない。しかし、創立者である松尾の論文に示され、他の指導的教師によって取り上げられてきたことから、概ね教会の立場を表すものとして受け止められてきたように思う。しかし、その理解は本当に正確だったのであろうか。

(a) 一九八八年の憲法委員会第一分科会による翻訳

一九八八年一〇月の第四三回定期大会の「憲法委員会第一分科会報告」の「主な活動」の欄に「われらの教会がウェストミンスター信仰基準を採用することについて、C. Hodge “What is meant by adopting the Westminster Confession” を訳して大会に提出した。なお、『研修所ニュース No45』『研修所月報 No28』も参照されたい」とある。ここで提出された翻訳が、この論文全体が訳された最初のものである。しかしこの翻訳は非常に不正確なもので、日本語で読んで意味のわからない部分が多い。とりわけ、決定的な誤訳がある。それは第五段落の最後の部分である。英文はこうなっている。

“The doctrines concerning worship and the Sabbath, concerning vows and oaths, of the civil magistrate, of marriage, contain nothing peculiar to our system, or which is matter of controversy among Presbyterians. The same is true as to what the Confession teaches concerning the Church, of the communion of saints, of the sacraments, and of the future state, and of the resurrection of the dead, and of the final judgment.”

この部分が次のように訳されている。

「礼拝と安息日に関する教理、誓願や誓約、政府や結婚に関する教理はわれわれの教理体系に特有なものはないか、それは長老派教会の間でも議論されている問題である。同じことは、信仰告白が教会、聖徒の交わり、礼典、未来の状態、死人の復活、最後の審判に関して教えているところについても、真実である」。

英文の下線部の翻訳が日本語の傍点部であるが、日本語としても意味がよくわからない。日本語だけを見れば、ウ告白二一章から二四章にある教理は、「教理体系」に入らないと言っているようにも読める。二五章以下も同じだと言っているから、二一章から三三章は「教理体系」に含まれないと言っているようにも読めてしまう。

しかしこれは大きな誤訳である。ここの peculiar は、「特異な、奇妙な、変な」という意味である。つまり、「〔二一章—二四章の教理は〕我々の体系にとって、奇妙なものはなにも含んでいない」ということである。or 以下も繋げて訳せばこうなる。「我々の体系にとって奇妙なもの、すなわち、長老教会の中で論争になるような問題を一切含んでいない」。つまりここでホッジが言っているのは、二一章から三三章も、一章から二〇章までと同様に、当然に「教理の体系」に含まれているということである。憲法委員会第一分科会の翻訳は、意味が正反対になっているのである。

大会報告で参照するように指示されている『研修所月報 No28』には、矢内による「聖書ニ於イテ教ヘラレタル教理ノ体系」という小論が掲載され、このホッジの論文が取り上げられている。ここで矢内は教理の体系としてウ告白の一章から二〇章を数え上げた上で、二一章以下については「われわれの体系に特別なものを何も含んでいない、とホッジは言います」と述べている。訳文をやや修正しているが、理解の決定的誤りには気づいていない。

もう一つの参照箇所である『研修所ニュースNo.45』には、クラス・ルーニアの「改革派教会における信仰告白の位置」（吉田隆訳）が掲載されている。その中で、ルーニアはホッジのこの論文を取り上げて、次のように述べている。

「ホッジ自身はウェストミンスター信仰告白全体を受け入れることができたのですが、それにもかかわらず、彼は、署名が信仰告白のあらゆる命題を受け入れることを意味する、という理論を拒絶しました。彼は、こうしたことは決して教会の（少なくとも彼自身の教会の）意向ではなかったし、実行不可能でもある、と主張しました。信仰告白は大部の書で、その中にはホッジ自身が『教理の体系』と称するものには直接関係しない多くの命題がある、というのです。彼によれば、私たちがする署名によって拘束されるすべては、せいぜい信仰告白に教えられている『教理の体系』なのです[39]」。

ルーニアの理解は正確である。ルーニアの言うように、ホッジは「ウェストミンスター信仰告白全体を受け入れることができた」。決してそこにある教理の一部、たとえば一章から二〇章までを「教理の体系」としたのではない。その教理全体を「教理の体系」に属するものとして受け容れた上で、全命題説を否定し、「教理の体系説」を主張していたのである。

一九八八年の憲法委員会第一分科会には、その当時の改革派教会の指導的教師たちが集まっていた[40]。

それゆえ、彼らの誤った見解が後々まで改革派教会に影響を与えたことは否めない。二〇〇一年九月に引退した榊原は、その年一月の東京恩寵教会の機関誌『恩寵』に「ウ信条採択の意味」という小論を掲載し、以下のように述べている。

「私が上京して驚いたのは、旧日基系の教団や新日キの先生方が、改革派はウェストミンスター信条を文字通りに採択しているかのように誤解しておられたことです。更に、外部の方にそう誤解されても仕方ないほど、東部中会の中でまるでそのような意味で採択しているかのようなウ信条の使い方がなされていたことです。

そこで、私が憲法委員会第一分科会の委員長になった時、改めて『チャールズ・ホッジ』〝ウ信仰告白を採用する意味〟を大会に報告しました（一八六七年七月号『プリンストン評論』）（第四三回大会記録）。前期松尾論文の種本の一つです。

これによると、聖書の教える『教理の体系』とはウ告白のうち実質上二〇章『キリスト者の自由および良心の自由』までであって、カトリック批判が出るのはその埒外であることがおわかりいただけるでしょう」。

残念ながら、榊原は引退の時まで、ホッジの論文を誤解していたと言わざるを得ない。

それにしても、このような誤解が長年にわたり受け入れられてきたことに驚きを禁じ得ない。先に分析したように、ホッジの論文を、英文で丁寧に読めば誤解のしようはないはずである。また文脈から考えても、当該箇所でホッジがそのような奇説を唱えた可能性は全くない。ホッジ自身のオールド・スクールの神学的立場を考えても、教会論、聖餐論、終末論が、「教理の体系」に入らないなどあり得ない。そのような主張をホッジはどこでも展開していない。それは、彼の他の著作を読めば明らかであろう。

しかし、この誤解はなお改革派教会に影響を持ち続けた。それを次に検討してみたい。

(b)二〇〇七年の憲法委員会第一分科会による報告

二〇〇七年一〇月、憲法委員会第一分科会は「『女性役員に関する提案』に対する提案」を大会に提出した。結論は「女性役員（教師・長老）を認めることは、我が教会の信仰規準に抵触しない」であるが、その説明の中で「教理の体系」について以下のように論じている。

「③『教理の体系』とは

『教理の体系』とは、端的に言えば、それによってキリストの教会が立ちもし倒れもする、我々人間の救いの本質に関わる公同的・福音的・改革派的教理の統一的な全体のことである。

これについて当委員会は、第四三回大会にC・ホッジの『ウェストミンスター信仰告白を採用する意義』に表された米国長老派の基本的見解を紹介した（添付資料参照）。それによれば、体系を構成する教理とは、旧新約聖書の十全霊感・三位一体・聖定と予定・創造・摂理・契約・キリスト・自由意志・有効召命あるいは再生・義認・子とすること・聖化・救拯的信仰・悔改め・善き業・聖徒の堅忍・救いの確信・律法・キリスト者の自由である。

以上から明らかなように、教会職制に関する事柄は『教理の体系』には含まれない。長老主義政治という形態でさえ、見える教会の秩序に必要ではあるが本質的なものではないというのが、我々の立場である(『政治規準』一・七)。それ故、当該問題もまた、教会憲法としての信仰規準に『抵触』するとは言えない。

④教理体系に抵触しないということの意味

教理体系に抵触しないとは、それが我々人間の救いの本質に関わる問題ではないということである。しかし、他方、抵触しなければ何でも許されるということではない。教理体系に抵触しない事柄については、少なくとも以下の二点について留意する必要がある。

イ　聖書解釈の多様性の尊重

ロ　教会一致の優先性[41]」。

そしてこの報告には、第四三回大会記録に記されていたホッジ論文の翻訳が再録されている。こうしてホッジ論文についての誤った見解が、再び憲法委員会第一分科会によって公にされた。

筆者はこの大会議場で、ホッジ論文の誤訳誤解を指摘し、誤解に基づく立論に異議を申し立てた。そして「意見書」を提出し、それを記録に留めることが承認された[42]。

二〇〇八年一〇月の大会に、憲法委員会第一分科会は「委員会『答申』の検討のために」という文書を大会に提出した。そこには筆者の意見書に対する回答も含んでいるとされている。次のように述べられている。

「第一点のカギとなっている『教理の体系』という表現は、直接的には、長老派教会がウ信条を採用する際に伝統的に用いてきた表現で、私たちの教会もまたこれに倣っています。すなわち、私たちは、ウ信条の『全命題』を誓約するのでも『本質』だけを受け入れるのでもなく、ウ信条を聖書教理の公同的・福音的・改革派的『体系』を表すものとして採用しているのです。

C・ホッジの論文を援用したのは、この点を明確にするためでした。『教理の体系』について教会的・公的な定義がない中で、ホッジの見解は長老派教会で神学的リーダーシップを取っていた人物による最も信頼に足る説明です。しかし、その際、論文執筆当時の教会事情や元来の意図を明示せず、結論的な部分だけを引用したために、『答申』が誤解されたことは大変遺憾でした。

いずれにせよ、この教理体系の具体的内容は、イエス・キリストにおける神の歴史的贖罪事業についての啓示（四〇周年宣言「聖書について」四）に関することで、改革派諸信条において表明されてきた諸教理に示されています。

ただし、なぜ『全命題』でも『本質』だけでもなく『体系』として採用するのかという問題は、それほど単純ではありません。この問題は、キリスト教会の最初期から論じられてきた聖書と教会と信条の相互関係に深く関わっている問題だからです」（傍点筆者）。

筆者は基本的にホッジの立場に共鳴する者である。彼はまさに「ウ信条を聖書教理の公同的・福音的・改革派的『体系』を表すものとして採用」することを主張し、そのために戦った。しかし憲法委員会はそのホッジを誤解していた。彼は決してウ告白一章から二〇章までを「教理の体系」などとは考えていない。委員会は「論文執筆当時の教会事情や元来の意図を明示せず、結論的な部分だけを引用したために、『答申』が誤解された」と述べるがそうではない。委員会がホッジ論文を誤解したが故に、「答申」の立論に疑義が生じたのである。

二〇〇七年に憲法委員会第一分科会の委員であった佐々木稔は、二〇〇八年二月一三日に「チャールズ・ホッジの『教理の体系』の意味[43]」という小論を発表し、ホッジ論文の誤訳を認め、委員会の見解を正して次のように述べている。

「ホッジが、『教理の体系』と言うとき、旧新約聖書の十全霊感から、キリスト者の自由までの教理に限定するのは、間違いです。旧新約聖書の十全霊感から最後の審判までの教理をすべて含めています」。

また当該箇所の翻訳については、次のように述べている。

「正しい訳は、『われわれの教理体系にとって異様なものは何ら含んでおらず、あるいは長老派の中で論争になるような事柄を何ら含んでいない。』、で、意味が、正反対になってしまいました」。

佐々木は他のホッジ論文や関連文献を参照したことによって、委員会見解の誤りに気づいたのである。

二〇〇九年一〇月の大会に、憲法委員会第一分科会はホッジ論文の「一部修正版」を提出した。これは一部修正というより、全面的な改訳であり、かなり正確な訳になっている。では当該箇所はどうなのか。次のようになっている。

「礼拝と安息日に関する教理、請願と誓約に関する教理、市民的為政者についての教理、結婚についての教理は、我々の教理体系に［のみ］特有なものや、また、長老教会の間で論争になる問題を一切含んでいない。同じことが、信仰告白が教会に関して、聖徒の交わりについて、礼典について、未来の状態について、死人の復活について、そして、最後の審判について教えていることについても当てはまる[44]」。

残念ながら、ここでもなお、意味が不明瞭な訳文に留まっていると言わざるを得ない。

以上、ホッジ論文の意味と、それに関する改革派教会の理解について論じてきた。改革派教会の信条を担当する委員会が、長年にわたり、改革派教会のルーツにもつながる偉大な神学者であるチャールズ・ホッジの信条理解を誤解してきたのはまさに遺憾である。少なくとも、二〇〇七年に答申で述べたホッジ理解の部分は、委員会の責任で訂正すべきであろう(45)。ホッジの信条理解は、改革派教会の創立者たちが共鳴していた理解であり、「前文」もほぼ同じ理解だと考えることができる。では我々は、ホッジ理解の誤解を正し、ホッジの立場で信仰規準を採用することを確認すればそれで良いのであろうか。

私はそうは思えない。理由は二つある。第一は、ホッジの立場にはやはり曖昧さが残り、誤解される余地があるということである。すでに確認したように、ホッジはウェストミンスター信仰告白の全教理を「教理の体系」としつつも、その個々の命題の中には「教理の体系」に含まないものがあると主張した。含まないものの内、聖書的根拠が曖昧なものは訂正削除するのが筋道であろう。実際、米国長老教会は二四章四節後段や、二五章六節後段はそうしてきた。問題は、ホッジの言う「教理体系にとっての本質的部分」と「教理の説明に過ぎない部分」の区別である。ホッジは前者のみが誓約者を拘束すると考えた。しかし、この「本質的部分」と「説明に過ぎない部分」の区別はそれほど自明なことなのであろうか。ホッジのような神学者には自明かもしれない。しかし、多くの牧師や役員にとって、その区別は容易いことでないと言わなければならない。

さらに考えられる問題は、この区別の曖昧さは、「本質説」が入り込む危険性を招いていることである。本質説とは、「教理の体系」とは「キリスト教の本質的な教理」に過ぎないとする見解であるが、ここでいう「キリスト教の本質的な教理」と、ホッジがウェストミンスター信仰告白に見出している「アウグスティヌス主義的カルヴァン主義的体系」の区別はそれほど自明なことなのであろうか。ここでも神学者であるホッジにとっては自明かもしれない。しかし普通の牧師・役員がそれを区別するのは容易くないと言わなければならない。

二〇〇七年の憲法委員会第一分科会の報告の中に「教理体系に抵触しないとは、それが我々人間の救いの本質に関わる問題ではないということである」という表現がある。教理体系とは「人間の救いの本質に関わる問題」であるという理解である。しかしこれは、ホッジの言う「アウグスティヌス主義的カルヴァン主義的体系」を指していると言えるのだろうか。それよりも狭い理解ではないだろうか。むしろ「キリスト教の本質的な教理」に近づいているのではないだろうか。

いずれにせよ、ウェストミンスター信仰告白の中の命題の中に、「教理の体系の本質に属する部分」と、「属さない部分」の区別を持ち込むことは、教会の教理的安定を揺るがす恐れがあることだけは確かなことであろう。

ホッジの見解に留まることができない第二の理由は、アメリカにおける長老教会の歴史からの教訓である。ホッジの見解によって、アメリカの保守的な長老教会は一致し、安定を見出し得たのかという問題である。歴史はそうは語っていないように思われる。それを次に簡単に見ておきたい。

5　米国における同意署名論争の歴史

一九世紀の後半まで、米国の北長老教会も南長老教会[46]も、概ねホッジの見解に近い理解を持っていたと言える。しかし、一九世紀後半から二〇世紀前半にかけて、米国長老教会は自由主義神学との闘いを強いられた[47]。根本主義と近代主義の対立である。その中で保守派が一九一〇年から一五年にかけて出版したパンフレットが『ファンダメンタリズム――真理の証し』である。その中で保守派はキリスト教の基本的教理として五つの点を挙げた。それは、①聖書の霊感、あるいは無謬性、②キリストの神性、③処女降誕、④代理贖罪、⑤キリストの肉体の復活と、肉体をもっての再臨、である。これらの教理を守ることによって、教会を自由主義神学から守ろうとしたのである。

北長老教会の保守派は、この基本教理を守るために戦った。そして一九一〇年の教会総会は、この「五つの根本教理」を「本質的でなくてはならない信仰箇条」(essential and necessary Articles of Faith) と宣言した。こうして保守派が勝利したように思えたのであるが、実際はそうではなかった。それは、ここで「本質的でなくてはならない信仰箇条」を「五つの根本教理」に集約してしまったことによって、人々が実際に受け入れなければならないのはこの根本教理だけになり、信仰規準のその他の多くの箇所に疑念を抱くことが公的に認められることになったからである。一九一〇年の決議は、米国における同意誓約の歴史における決定的な分岐点とも呼ばれる。つまり、一九一〇年までは、信仰規準のすべての教理は本質的でなくてはならないものであり、信仰告白と教理問答は、聖書に教えられている教理の体系を含んでいるがゆえにそれを受け入れる、とされていた。しかし、この決定によって、五つの教理だけが受け入れなければならないものであり、信仰告白や教理問答そのもの、さらにはそこに含まれている聖書によって教えられている教理の体系を受け入れる必要はなくなったのである。ここから長老教会の信条教会として変質が始まった。北長老教会はさらに一九二七年の教会総会で、その教理が「教理の体系」に含まれるか否かを決定する権利を各中会に与えた。これによって、教会は教理的統一をも失うことになった。やや遅れて南長老教会も一九三四年および一九三九年教会総会において、誓約の対象をいくつかの根本教理に制限することを決定した。こうして南長老教会も、北長老教会と実質的に同じ道を歩むことになっていくのである。

この時期に敷かれた路線の延長線上に、今日の合衆国長老教会の同意誓約理解がある。(48) 合衆国長老教会では任職の際に「我々の教会の信仰告白において表現されている改革派信仰の本質的教義」を受け入れることが求められる。しかしこの誓約は、誓約者をいかなる意味でも法的に拘束するものではないとされている。信仰告白の特定の解釈からの自由が定められているのであり、歴史的改革派神学は、歴史的伝統として緩やかに受け入れられているに過ぎない。

こうした事態を招いた原点が、誓約者が拘束される「教理の体系」を、特定の「根本教理」に制限してしまったことにある。拘束部分を制限すれば、すぐに他の部分には拘束されないことになるのは理の当然である。既に見たように、ホッジの理解ではウ告白の全教理を「教理の体系」としつつも、命題の中には、拘束部分とそうでない部分があるとされていた。しかし、その区別は容易くない。となれば、教会の一致が保てるであろうか。また、「拘束されない部分」についての個々の判断から、信条教会としての傷口が広がっていかないだろうか。ホッジの理論は、その筋道としては正しいが、実際に教会の教理的立場を堅持する上では、弱さを持っていると言わざるを得ないのではないか。

こうした歴史を経て、長老教会の保守派の中で、新しい同意誓約についての理解が提起され、議論が起こった。それが「フル同意誓約」か「システム同意誓約」かの議論である。前者を主張したのがグリーンヴィル長老主義神学校のモートン・スミス（Morton H. Smith）、後者を主張したのがウェストミンスター神学校のウィリアム・バーカー（William S. Barker）である。[49] 両者の見解と長所短所をまとめると次のようになる。

〈フル同意誓約〉

①「ウェストミンスター信仰規準全体」に同意誓約する。

②教会法廷は、牧師・長老・執事といった役員の信条に対する異議が、役員を辞めさせるほどに深刻か否かを決定する。

③辞めさせるほど深刻でないと判断された場合は、個人的にその見解を持つことは許されるが、それを教会で教え広めることはできない。

④この見解の長所は、教会の教理的立場を安定させることである。また、歴史的改革派教会としての土台を堅固に持ち続けることを助ける。

⑤短所は、(a)神学的視野が信仰規準文書内に制限されてしまう危険がある。(b)時代に対して必要とされる柔軟な対応が難しくなる。(c)信仰規準文書が必要以上に権威を持ちすぎてしまう場合が起こりうる。

〈システム同意誓約〉

①ウェストミンスター信仰規準に含まれている「教理の体系」に同意誓約する。
②「教理の体系」に含まれているもののみに拘束される。
③何が「教理の体系」かは定義されておらず、具体的な事例において、それが「教理の体系」に矛盾しているか否かが、教会法廷で決定される。
④長所は、信仰規準に縛られることなく、自由に教会活動ができること。時代に柔軟に対応できることである。
⑤短所は、信仰規準の拘束力が弱いため、教会はその時その時の時流に流されることである。
両者にはそれぞれ長所と短所があるが、システム同意誓約の場合は、誓約者が拘束される「教理の体系」が不確定であり、歴史的改革派神学に立つ教会を建てるには弱さがあると言わざるを得ない。信仰規準に何よりも求められるのは、教会の教理的立場を安定させることであろう。とりわけ、歴史的改革派教会を堅固に建て上げるには、その安定感が不可欠であり、その意味ではフル同意誓約が望ましいと言える。しかし、フル同意誓約が適切に機能するためには、信仰規準の解釈に当たって、以下の点に留意することが必要である。
①信仰規準は、聖書の権威の下にある従属的なものであることを確認すること。
②信仰規準のすべての教えが等しく重要なのではないこと。ある教理が他の教理よりもより本質的であるということは当然ありえる。
③信仰規準は、文法的・歴史的に解釈されなければならないこと。信仰規準の持つ歴史性を無視しては、信仰規準を今日に生かすことはできない。

フル同意誓約に立ちつつ、ウェストミンスター信仰規準が適切に解釈されることが、実は「前文」が記すような歴史的改革派教会を堅固に建て上げるために必要なことなのではないだろうか。ホッジが願っていた信仰規準の機能を本当に果たしていく道が、ここにあるのではないだろうか。

6　結語と提言

最後に結語と提言を記しておきたい。

(1)日本キリスト改革派教会の役員の「信条に対する誓約の言葉」の意味について、大会的合意が不可欠であること。

誓約の意味の曖昧さが、改革派教会における信条の位置づけの曖昧さを招いている。ホッジの論文の誤訳誤解によって、ホッジが最も警戒していた「本質説」に近い理解を持つ者も現れているように思われる。誓約こそが、教会における信条の拘束力を担保するものであるので、堅固な改革派教会を建てるためには、誓約の意味を確定することが不可欠である。

(2)ウェストミンスター信仰規準の中で、聖書的根拠が曖昧であるなど、明らかに改定が必要な部分は改定すること。

第一部で明らかにしたように、米国の長老教会は、信条本文の改定を繰り返してきた。本文の改定には、ある慎重さが要求されるが、明らかにその必要がある部分は改定するべきである。特に、二二章三節、二五章六節、大教理問一〇九は検討が必要であろう。

(3)役員の誓約の理解としては、フル同意誓約が望ましいこと。

誓約の理解について「システム同意誓約」と「フル同意誓約」があることは紹介したが、教会における教理的安定性、法的安定性のためには「フル同意誓約」が望ましい。訓練規定第一〇条にあるように、ウェストミンスター信条は「信仰と実践に関する聖書の教えの規準的注解」であり、「その規準書において解釈されたところの聖書によって」戒規の違反が立証される。その規準書が曖昧であることは望ましくない。

(4) 教師や役員が、ウ信条のある部分に同意できなくなった場合、あるいは、教師や役員がウ信条に反する見解を明らかにした場合、あるいはその疑いがある場合の取り扱いの手続きを確認すること。手続きの大きな流れは次のようになる。

〈教師の場合〉

①自らが信仰規準と調和しない見解を持っている場合は、中会にそれを知らせる。

②教師が明確に信仰規準に反する言動、あるいはその疑いのある言動をしているのに気づいた者は、それを中会に知らせる。

③中会は当該教師の見解を検討し、以下のいずれかの決定をする。

イ　その見解は、信仰規準に反し、改革派教会の教師を続けることができないほどに重大である。それゆえ当該教師は、その見解を明確に捨てるのでない限り、改革派教会の教師を辞任しなければならない。

ロ　その見解は、信仰規準に反するが、教師が個人として持っていることは許される。教師はその見解を文書あるいは公の発言で述べてはならない。

ハ　その見解は、信仰規準に反しない。その見解を採ることは許される。

④中会は、上記の判断に当たって、「憲法の解釈」「教理に関する論争についての判決」（政治規準一〇八条第二項一、二）が必要と認めた場合は、大会に照会する（訓練規定一〇四条）。

〈長老・執事の場合〉

当該案件を担当するのは小会である。それゆえ上記〈教師の場合〉の「中会」が「小会」となる。ただ、事柄の性質上、小会がその権能を行使することが難しい場合は、中会が代行する（政治規準九二条第二項二）。

私は先の論文ではウェストミンスター信仰規準の「教会公認訳」の必要性を訴えた。そして本論で、教会における信仰規準の拘束力を担保する「同意誓約」の意味を確定することを訴えた。この両者が整えられることによって初めて、日本キリスト改革派教会は「信条教会」として整えられるのだと思う。

注

（1）『改革派神学』第四六号、二〇二一年。本書に収録。

（2）ウェストミンスター信条への同意署名・誓約論争については、袴田康裕『ウェストミンスター信仰告白と教会形成』（一麦出版社、二〇一三年）所収の「ウェストミンスター信条への同意署名・誓約論争について」を参照。また特にスコットランドにおける論争については、袴田康裕『信仰告白と教会

――スコットランド教会史におけるウェストミンスター信仰告白』（新教出版社、二〇一二年）を参照。

（3） *The Book of Church Order of the Presbyterian Church in the United States*, Revised Edition (1945), John Knox Press, Richmond, Virginia. Form of Government の一四〇条、一五三条。なお信条に対する誓約については、次のもう一つの質問が続いている。Do you further promise that if at any time you find yourself out of accord with any of the fundamentals of this system of doctrine, you will on your own initiative make known to your Presbytery the change which has taken place in your views since the assumption of this ordination vow?（さらにあなたは、もし、この教理の体系の根本について、自らと調和しないことを見出したときはいつでも、この任職の誓約による就任以来、自らの見解について起きた変化を、自ら進んで、プレスビテリーに知らせることを約束しますか？）長老と執事の誓約では、プレスビテリーの部分がSession（小会）となっている。改革派教会は、この誓約の部分を省略している。

（4） 同論文は、矢内昭二編『改革派教会の神学的戦い』（小峯書店、一九七二年）の五―三二頁に収録。

（5） 同書、一三頁。

（6） 同書、一三―一四頁。

（7） 同書、一四―一五頁。

（8） 同書、一四頁。

（9） 同書、一五頁。

（10） 同書、一六頁。

（11） 『福音と時代』（Vol.4, No.5 一九四九年）、二八―二九頁。ただし、古い漢字は新しい漢字に書き換えている。なお、竹森が「最初からその起草者らすらこの信条を受容れる際には大体の骨子を受容れれば足るものとしていた」というのは歴史の事実に反する。ウェストミンスター信条の起草者たちは、当然、全体を受容れることを想定してこれを起草していた。

(12) 同書、二九頁。

(13) 『改革派世界』(一九四九年、五・六月)、一二三―一二四頁。

(14) 日本基督改革派教会歴史資料編纂委員会『日本基督改革派教会史　途上にある教会』聖恵授産所出版部、一九九六年、一三六―一三七頁。

(15) 岡田稔「改革派教会創立のことなど」『第四五回大会記録』(一九八四年一〇月)、一五一頁。

(16) 同上。

(17) 同書、一四八頁。

(18) 同上。この段階では岡田自身、南長老教会や北長老教会についての知識はあったが、CRCなどのリフォームド・チャーチについての知識はほとんどなかったと語っている(岡田稔「改革派教会存立の意義についての私見」『まじわり第一一巻第三号(一九七五年四月一日)』四頁)。

(19) 「日本基督改革派教会大会記録　創立大会〜第一〇回定期大会」日本基督改革派教会大会事務所、一九八二年、二頁。ただし、カタカナをひらがなに変更している。

(20) 岡田稔「改革派教会創立宣言の主旨についての一つの反省」『まじわり第五巻第九号(一九六九年九月一日)』二頁。

(21) 関川泰寛、袴田康裕、三好明編『改革教会信仰告白集』教文館、二〇一四年、七〇八―七一〇頁参照。

(22) さらにこれは、矢内昭二編『改革派教会の歴史的戦い』(小峯書店、一九七三年)に収録されている。

(23) 同書、七四―七五頁。

（24） 同書、九八頁。

（25） 『福音と世界』（一九七二年一月号）。なお、矢内昭二遺稿集『本は僕の命』の一二三―一三三頁に収録。

（26） 同書、一三〇―一三一頁。

（27） 『まじわり第九巻第七号（一九七三年）』二二頁。

（28） 『創立宣言の学び』まじわり出版員会、一九八五年、一四七頁。

（29） 同書、一四〇頁。

（30） 同書、一四一―一四二頁。

（31） 同書、一四三頁。

（32） 同書、一四四頁。

（33） 榊原康夫「ウェストミンスター信条をもつことの意味」『まじわり第八巻第四号（一九七二年）』一七頁。

（34） 橋本龍三「日本基督改革派教会の信条理解」『神の民としての教会』灘教会、一九九六年、一〇三―一〇四頁。

（35） 同書、一〇六頁。

（36） S・E・オールストローム『アメリカ神学思想史入門』児玉佳與子訳、教文館、一九九〇年、六四頁。

（37） 英文は次の通り。*What is meant by adopting the Westminster Confession?*

（38） Charles Hodge, *The Constitutional History of the Presbyterian Church in the United States of America*, Philadelphia, 1851, pp.155-156.

(39) 『研修所ニュース No45』一九八六年六月、一一—一三頁。

(40) 当時の委員会の構成は、委員長が榊原康夫、委員は金田幸男、市川康則、矢内昭二、潮田純一、牧田吉和、鈴木英昭、荻原登である。

(41) 『第六二回大会記録（二〇〇七年）』五八—六九頁。

(42) 同書、七四—七六頁。

(43) 佐々木稔『改革派教会の神学・説教・伝道・教会形成（上巻）』（自費出版）、二〇一四年、一四五—一四八頁。

(44) 『第六四回大会記録』（二〇〇九年）、二二七頁。

(45) 二〇二三年一〇月の第七八回年度第一回定期大会における憲法委員会第一分科会の報告において、同委員会は二〇〇七年大会報告の当該部分を削除することが報告された。

(46) 南長老教会の一八九八年教会総会における同意誓約についての確認事項については、袴田康裕「ウェストミンスター信条への同意誓約・署名論争について」『ウェストミンスター信仰告白と教会形成』二二二頁参照。

(47) 以下の記述については、同書、二二三—二二五頁参照。

(48) 合衆国長老教会の理解については、同書、二二五—二二七頁を参照。

(49) この論争については、同書、一二—一七頁を参照。なおこの論争を紹介するものは以下のとおりである。Morton H. Smith, "Why We Should Be Full Subscriptionists: An Address to the 20th General Assembly (1992) of the Presbyterian Church in America", *The Subscription Debate*, Ed. Morton H. Smith (Greenville Presbyterian Theological Seminary); Morton H. Smith, "Response to Dr. William S. Barker's 'What Does Subscription to Our Confession Mean?'", *The Subscription Debate* (Green-

ville Presbyterian Theological Seminary); Morton H. Smith, "The Case for full Subscription", *The Practice of Confessional Subscription*, Ed. David W. Hall, (The Covenant foundation, 1997); William S. Barker, "The Samuel Hemphill Heresy Case (1735) and the Historic Method of Subscription to the Westminster Standards", *The Practice of Confessional Subscription* (The Covenant foundation, 1997).

ウェストミンスター信仰告白における結婚と離婚
――ジョン・ミルトンの離婚論と対比しつつ

はじめに

宗教改革は、教理の改革であり、礼拝の改革であり、聖礼典の改革でありました。しかしその改革の射程は、いわゆる宗教の事柄に留まるものではありません。宗教の改革、教会の事柄の改革を中核としつつも、信徒の生活の全領域、すなわち結婚、家庭、教育、社会生活、国家的為政者との関係にまで及んでいきました。それらのすべてを神の言葉によって改革する運動が、宗教改革運動であると言えます。

その中で、今日の講演で取り上げるのは結婚の問題です。宗教改革は結婚の理解について、何を変えたのでしょうか。そのことを、ウェストミンスター信仰告白第二四章「結婚と離婚について」を中心に考えてみたいと思います。

先行研究として重要なのは、松谷好明氏の論文「ピューリタニズムにおける結婚と離婚の教会法的規定」(1)です。この論文は、イングランドのピューリタンが、結婚と離婚の問題にどう対処したかを特に教会法的次元から検討したものです。この講演では、この松谷論文を踏まえつつ、特に二つのこと

郵便はがき

料金受取人払郵便

銀座局
承認

3148

差出有効期間
2025年12月
31日まで

104-8790

628

東京都中央区銀座４－５－１

教文館出版部 行

◉裏面にご住所・ご氏名等ご記入の上ご投函いただければ、キリスト教書関連書籍等のご案内をさしあげます。なお、お預かりした個人情報は共同事業者である「(財)キリスト教文書センター」と共同で管理いたします。

●今回お買い上げいただいた本の書名をご記入下さい。

書名

●この本を何でお知りになりましたか

1．新聞広告（　　　）　2．雑誌広告（　　　）　3．書　評（　　　）
4．書店で見て　5．友人にすすめられて　6．その他

●ご購読ありがとうございます。
本書についてのご意見、ご感想、その他をお聞かせ下さい。
図書目録ご入用の場合はご請求下さい（要　不要）

教文館発行図書 購読申込書

下記の図書の購入を申し込みます

書　　名	定価（税込）	申込部数
		部
		部
		部
		部
		部

●ご注文はなるべく書店をご指定下さい。必要事項をご記入のうえ、ご投函下さい。
●お近くに書店のない場合は小社指定の書店へお客様を紹介するか、小社から直送いたします。
●ハガキのこの面はそのまま取次・書店様への注文書として使用させていただきます。
●DM、Eメール等でのご案内を望まれない方は、右の四角にチェックを入れて下さい。□

ご氏名	歳	ご職業
（〒　　　　） ご住所		
電　話 ●書店よりの連絡のため忘れず記載して下さい。		
メールアドレス （新刊のご案内をさしあげます）		

書店様へお願い　上記のお客様のご注文によるものです。
着荷次第お客様宛にご連絡下さいますようお願いします。

ご指定書店名	取次・番線	
住　所		
		（ここは小社で記入します）

に力点を置きたいと思います。

第一は、ウェストミンスター信仰告白第二四章をできるだけ丁寧に釈義すること。第二は、一七世紀英国を代表する叙情詩人ジョン・ミルトンの離婚論との対比を試みることです。これらを通して、ウェストミンスター信仰告白の結婚理解とその今日的意義を検討してみたいと思います。

1 中世後期の結婚理解

中世のローマ・カトリック教会が、最初から結婚を教会の問題と考えていたわけではありません。しかし、ローマ教会が教皇制によってその支配構造を強化していく中で、結婚も教会の秩序の中に取り込まれていきました。[2]

中世後期のローマ教会の結婚理解の特徴は第一に、結婚はサクラメント（秘跡）とされたことです。一二七四年の第二リヨン公会議では、次のような宣言がなされています。

聖なるローマ教会は教会に七つの秘跡があることを信じ教える。すなわち、上に述べた洗礼、堅信の秘跡、告解、聖体、叙階、婚姻、終油がある。……。婚姻については一人の男が数人の女を同時に、または一人の女が数人の男を同時に持つことは許されない、と教える。配偶者の死亡によって正当な結婚から解かれた者は、何かの理由で教会法上の障害がなければ続けて、第二、第三の結婚をすることができる。[3]

また、一四三九年の「アルメニア人合同の大勅書」は婚姻を「第七の秘跡」とし、「秘跡は、キリストと教会の一致のしるしである」とした上で次のように述べています。

婚姻の能動因は通常、言葉によってその時に表わされた相互の同意である。婚姻の善として三つがある。第一に子女を生み、神の礼拝のため教育すること、第二は忠実であり、これによって配偶者は相手に忠実でなければならない。第三は婚姻の不解消性であり、これによって、キリストと教会との分離不可能な一致を表わす。私通を理由に別居することは許されるが、他の人と結婚することは許されない。合法的に一度結ばれた婚姻は永久的なものだからである。(4)

秘跡であるから、ひとたび有効に成立した結婚は解消できないとされました。また結婚の問題は、世俗の統治から切り離されて、教会裁判所の管轄下に置かれたのです。

ローマ教会の結婚理解の第二の特徴は、聖職者独身制です。一一二三年の第一ラテラン公会議において次のように規定されています。

司祭、助祭、副助祭には、私通関係また妻と同棲または他の女性との同居を全面的に禁止する。ただしニケア公会議が必要性から許可した女性、すなわち、母、姉妹、叔母などとの同居は許される。彼女たちとの同居は疑いの的とならないからである。(5)

こうして、聖職者には独身制が課され、それが結婚よりも良きものとみなされました。とりわけ修道士には修道誓願による厳しい禁欲生活が課され、それが理想化されたのです。

2 マルティン・ルターの結婚理解

マルティン・ルターに始まる宗教改革は、こうした結婚理解とそれに基づく実践にどのような変革をもたらしたのでしょうか。

第一に、ルターは結婚の秘跡性を否定しました。一五二〇年に出版された『教会のバビロン捕囚について』の中で彼は、「結婚も聖書からの根拠なしでサクラメントと考えられているだけでなく、それはサクラメントだと主張する者たちによってさまざまな冗談のようなものが作り出されてしまっています[6]」と述べ、結婚を秘跡（サクラメント）と主張していた教会に反論しています。サクラメントには神の御言葉の根拠が必要ですが、結婚にはそれはなく、聖礼典は洗礼と聖餐のみとされました。

第二に、ルターは聖職者独身制を否定しました。彼は『教会のバビロン捕囚について』の中で「修道院や宗派の誓願や生活様式は、使徒が『彼らは偽りを語る者たちの偽善を教え、結婚を禁じ、感謝をもって受けるべく神が与えた食事を断つことを教えている』〔Ⅰテモテ四・三〕と述べているような事態にあるのではないでしょうか[7]」と述べ、聖職者となる上での独身の誓願を批判しています。さらに言います。「すでに述べたとおり、誓願に基づく生活様式というのは聖書にその根拠がありません。ただ教皇の人間的な大勅書から湧き出てくるもので、それを本物であるように見せかけるための偽善がそこには施されています。そして、その偽善を誇らしいものと呼び、ふつうのキリスト者としての生活が軽蔑されるようになっています」[8]。ルターは聖職者独身制を論駁し、彼自身も修道服を脱ぎ、一五二五年に結婚したのです。

第三に、結婚はこの世の事柄として、世俗権力が扱うことになりました。結婚の秘跡性が否定されたことにより、結婚は教会法の束縛から解放されました。ルターの小教理問答につけられていた「一般の牧師たちのための結婚式文」には次のように記されています。

「結婚や結婚生活はこの世的な事柄だから、われわれ聖職者や教会の牧師たちは、それを統制したり支配したりするのではなく、むしろそれぞれの都市や地方に、これまで行われてきたような慣用や慣習に従ってことを行わせることが適当である」[9]。

第四に、教会の結婚についての関わりは、法的権限による関わりではなく、牧会的な関わりとなりました。結婚式では、神が造られた結婚の意義と目的が語られ、結婚生活のために負うべき十字架についての勧めがなされたのです[10]。

こうして宗教改革は結婚理解と実践を大きく変えました。それに対してローマ・カトリック教会は、トレント公会議を開き、結婚についての従来の理解を確認し、より詳細に規定しました。「婚姻の秘跡についての教理」(一五六三年)に含まれる「婚姻の秘跡についての規定」(全一二条)では、婚姻が秘跡であること(一条)、結婚の絆は異端、共同生活の困難、配偶者の完全な不在によっても解消されないこと(五条)、結婚の絆は一方の姦通によっても解消されないこと(七条)、聖職者や修道者の独身の誓願の有効性(九条)、童貞または独身が結婚生活よりも良く聖であること(一〇条)、結婚訴訟に対して教会の裁判官が管轄権を持つこと(一二条)などが記されています。

3　ピューリタンの結婚理解

次にイングランドに目を向けたいと思います。松谷好明氏が婚姻についての教会法的規定として注目するのは、エドワード六世の時代に作成された『教会法改革』（Reformatio legum ecclesiasticarum）草案です。[12] この草案は、結婚と離婚のことを詳しく取り扱ったものでしたが、一五五三年に貴族院に提出されると強い反対に遭い、結局審議が停止されたままとなりました。この『教会法改革』は結婚と離婚の多くの要素を取り上げていますが、内容として特に注目したいのは、第九箇条「姦淫と離婚について」の中で離婚の理由を詳しく取り扱っていることです。[13] その中で、遺棄が離婚の理由になること（八章）、夫のはなはだしく長期の不在が離婚の理由になること（九章）、和解の余地のない敵意が離婚の理由になること（一〇章）、長期の虐待・冷遇の犯罪が離婚の理由になること（一一章）、軽微な不一致は離婚の理由にならないこと（一二章）、不治の病は結婚を無効にしないこと（一三章）などが述べられています。

この『教会法改革』は結局採用されず、実際にジェームズ一世の支持を受けて影響力を持ったのは『教憲教規』（Constitutions and Canons Ecclesiastical）でした。これは、ピューリタン弾圧に熱心であったリチャード・バンクロフト（Richard Bancroft, 1544-1610）が中心となって作成したものです。[14]

ピューリタンとは、英国教会を聖書によってより純粋なものに改革しようとした人たちですが、彼らには信仰生活、とりわけ結婚生活の改革もその視野に入っていました。『教憲教規』の線を越えて、聖書的な結婚理解と実践を目指したのです。その一つの果実がウェストミンスター信仰告白第二四章

「結婚と離婚について」であると言えるでしょう。その章の詳細な検討の前に、ピューリタンの結婚理解全体を見ておきたいと思います。

日本のピューリタニズム研究に多大な貢献をした大木英夫の『ピューリタニズムの倫理思想』[15]では、ピューリタンの決議論的倫理の一つの実例として「契約としての結婚理解」を取り上げています。大木は「結婚を『契約』として理解するようになったのは、ピューリタニズムの遺産の一つである」「結婚の理解そのものに原理的な新しい発展を与えたのはピューリタンであった」と述べ、さらに「この契約としての結婚の理解の背景に、コントラクチュアルな契約神学が立っていることを見出す」としています。[16] さらに大木は、結婚の契約化が生み出した社会的変化として、四つの点を挙げています。[17]

第一は家庭契約です。ピューリタンは、社会の最少の基礎単位である家庭の変革を通して社会全体の変化を生み出そうとし、家庭にピューリタン的規律が取り入れられました。すなわち、家族全体が神との契約関係にあるものとされ、この家庭の契約化から国家の契約化という国家全体の改革に向かったとされます。

第二は女性の人権の伸長です。[18] この時代の結婚の特徴は、早婚の風習と結婚は家と家の結びつきであるという理解にあります。しかし、結婚の契約化によって、女性は一個の人格として契約のパートナーと見なされることになりました。大木は「契約の理念こそ近代における婦人解放の原理となったのである」[19]と述べています。

第三は愛の強調です。家と家の結びつきではなく、個人と個人の契約として結婚を理解することは、結婚を人格的な関係と明確化することです。それゆえ、そこでは愛が大きな役割を果たすことになります。

第四は離婚の可能性です。カトリック教会のように、結婚を秘跡と理解した場合は離婚の可能性は認められませんでした。結婚を何より契約と理解することによって、離婚が可能となります。ただし、離婚の理由と手続きを巡っては論争があり、後に述べるように長老派とジョン・ミルトンは激しく対立することになります。

大木英夫は、ピューリタニズムの結婚理解の中心に「契約としての結婚理解」を挙げ、その社会的影響を論じました。その洞察は鋭く、適切なものだと考えられます。

4　ウェストミンスター信仰告白第二四章「結婚と離婚について」の解釈

⑴ 信仰告白改定の歴史

ウェストミンスター信仰告白第二四章の解釈に先立って、ウェストミンスター信仰告白の改定の歴史に触れておきたいと思います。一七世紀のウェストミンスター神学者会議で作成されたウェストミンスター信仰告白は、スコットランド教会で採択され、そこから世界に広がっていきました。スコットランドでは、オリジナル・テキストを改訂することはほとんどなされなかったのですが、アメリカの長老教会は改定を繰り返してきました。[20] 合衆国長老教会は、一七八八年に四か所の改定を行いました。[21] それは、信仰告白二〇章四節、二三章三節、三一章二節、大教理問一〇九です。[22] これらはいずれも国家的為政者と教会との関係に関する箇所で、これによってアメリカの長老教会は正式に国教会主義を捨てることになりました。また、一八八七年、合衆国長老教会（北長老教会）は第二四章四節の最後の文章を削除しています。

一九〇三年、合衆国長老教会（北長老教会）は大幅な改定を行いました。[23] それは以下の点です。①一六章七節「非再生者の業」の部分の書き換え、②二二章三節の最後の文の削除、③二五章六節「教会の頭」の部分の書き換え、また六節後半の教皇を反キリストと記す部分の削除、④三四章「聖霊について」を付加、⑤三五章「神の愛と宣教について」を付加。この「聖霊について」と「神の愛と宣教について」の章は、後に南長老教会（ＰＣＵＳ）及び連合改革長老教会（Associate Reformed Presbyterian Church）によって受け入れられました。[24]

一九三六年に発足した正統長老教会（Orthodox Presbyterian Church）は、同年一一月の第二回大会で一九〇三年改定以前のテキストを採択しました。しかし、二つの例外があります。二二章三節最後の文と二五節六節最後の文は削除されました。[25]

部分改定ではなく、オリジナル・テキストが全面的に書きかえられたのが第二四章です。[26] 合同長老教会（United Presbyterian Church in the U.S.A.: 北長老教会と北アメリカ合同長老教会が合併して一九五八年に発足）と南長老教会は二〇世紀にこの章を書き換えています。ここではオリジナル・テキストの解釈を取り上げますが、改定の歴史の中で第二四章は唯一全面改定された歴史を持っていることを覚えておきたいと思います。

(2)『ハーモニー』の結婚理解

一五八六年にイングランドの神学者によって出版された『改革教会信仰告白の調和』（*An Harmony of the Confessions of the Faith of the Christian and Reformed Churches*）[27]は、一六四三年に長期議会によって再版されました。それは明らかにウェストミンスター神学者会議で用いるためでした。これは当時の代表的な一二の信仰告白を集め、それを一九の教理項目に分けて、それぞれの信仰告白から該当する箇所を抜き出して並べたものです。その中には改革派の信仰告白だけでなく、ルター派やワルドー派のものも含まれており、ウェストミンスターの神学者たちが幅広く代表的なプロテスタントの信仰告白を参照していたことが分かります。

一九の教理項目の第一八番目が「結婚生活、独身生活、修道誓願について」[28]です。ここでは九つの信仰告白が取り上げられています[29]。主たる主張は次のようにまとめられます。

①結婚は神によって立てられた尊い制度であり、それゆえ結婚を禁じることは誤りであること（第一スイス信仰告白第二八条、第二スイス信仰告白第二九条、アウグスブルク信仰告白第二三条、ザクセン信仰告白第一八条、ヴィルテンブルク信仰告白第二一条）。

②聖職者も結婚できること。聖職者独身制・修道誓願の批判（ボヘミヤ信仰告白第九条、フランス信仰告白第二四条、イングランド信仰告白第八条、アウグスブルク信仰告白第二三条、ザクセン信仰告白第一八条、ヴィルテンブルク信仰告白第二一条・第二六条、四都市信仰告白第一二条）。

③近親結婚の禁止（第二スイス信仰告白第二九条、ザクセン信仰告白第一八条、ヴィルテンブルク信仰告白第二一条）。

④一夫多妻制の禁止（第二スイス信仰告白第二九条）。

この他、ザクセン信仰告白第一八条とヴィルテンブルク信仰告白第二一条は、離婚や再婚の問題なども扱っています。松谷はこの二つのルター派の信仰告白がエリザベス朝ピューリタンにとって有益であったのであり、結局、ウェストミンスター諸文書の作成においてもこれらが下敷きになったのではないかと推測しています[30]。

なお、ウェストミンスター信仰告白に影響があったと考えられる、三十九箇条（一五六三年）は、第三二条で教役者の結婚の許可を述べ、さらにアイルランド箇条（一六一五年）も第六四条で教会奉仕者が結婚できることを述べるに留まっています。

(3)デイヴィッド・ディクソン『誤謬に対する真理の勝利[31]』

ウェストミンスター信仰告白の最も古い注解書がこのデイヴィッド・ディクソンの『誤謬に対する真理の勝利』です。これはラテン語版が最初に出され、一六八四年に英語版が出版されました。ディクソンはウェストミンスター神学者会議と同時代に生きた神学者であり、信仰告白にも強い共感を持っていました。それゆえ、ウェストミンスター信仰告白の釈義としては欠かせない書物であると言えます。しかしこの書物は、いわゆる注解書の体裁をとっていません。質問を出してそれに答える形で、ウェストミンスター信仰告白がどのような立場を論駁しているかを明らかにしています。ウェストミンスター信仰告白の背後にある論争相手とその主張点を知る上で重要であると言えます。

第二四章についてディクソンは、五つの問いを立て、それを基に異なる立場を論駁しています。それを簡単に紹介しておきます[32]。

問一　結婚は一人の男性と一人の女性の間でなされるべきものですか。
ディクソンは「はい」と答え、さらに「男性が同時に一人以上の女性を妻に持つこと、あるいは女性が同時に一人以上の男性を夫に持つことは合法的ですか」と問い、「いいえ」と答える。その上で、キリスト者が同時に一人以上の妻を持つだけでなく、望むだけ持つことが合法的だと主張する再洗礼派やファミリスト（神秘主義的キリスト教の分派「愛の家族」）の主張を論駁する。
問二　判断力をもって自分の同意を表すことのできるすべての種類の人々にとって、結婚することは合法的ですか。
ディクソンは「はい」と答え、さらに「聖職者に対して結婚を禁じたり解消したりする教皇の教会は誤っていますか」と問い、「はい」と答える。そして「教皇の教会」の主張を論駁する。
問三　結婚は御言葉で禁じられている血族あるいは姻族の親等内で行われるべきではありませんか。
ディクソンは「行われるべきではありません」と答え、さらに「近親相姦的な結婚が、いかなる人間の法によっても、また当事者たちの同意によっても、それらの人々が夫婦として生活をともにできるように合法化されることはありえませんか」と問い、「ありえません」と答える。その上で、教皇の教会のトリエント公会議の決定などを批判する。
問四　最初の妻が死んだ後、第二の妻と結婚することは合法的ですか。
ディクソンは「はい」と答え、さらに「離婚後に、罪を犯した側があたかも死んだかのように、別の人と結婚することは合法的ですか」と問い、「はい」と答える。そして第二の結婚を絶対的に非難した、ノウァティアヌス主義者（古代西方の厳格主義派）、カタリ派（古いピューリタン）、またテルトゥリアヌス主義者を論駁し、さらに、離婚後の第二の結婚がキリスト者には許されていることを否定する教皇主義者を論駁する。

問五　姦淫あるいは教会や国家的為政者によっても救済できないような故意の遺棄以外の何事も結婚の絆を解消するに足る理由になりませんか。

ディクソンは「なりません」と答え、さらに「男性が望めば妻を捨てることは自由だと主張した熱狂主義者やファミリストは誤っていますか」と問い、「はい」と答える。彼らを論駁し、さらに、姦淫や故意の遺棄以外に離婚理由があると主張していた教皇主義者を論駁する。

取り上げられている点は、問一「一夫多妻の禁止」、問二「聖職者独身制の批判」、問三「近親相姦的結婚の禁止」、問四「再婚の合法性」、問五「離婚の理由」である。そして主たる論敵は、教皇主義者、再洗礼派、ファミリストや熱狂主義者などのセクトと言えるであろう。

(4) 各節の釈義

第二四章のタイトルは「結婚と離婚について」です。松谷は結婚と並んで離婚が信仰告白のタイトルに並記されたのは初めてだとして、ここに注目しています。つまり、ローマ・カトリック教会の結婚理解と異なり、合法的離婚が可能になったことの主張がここにあるのではないかと考えるのです[33]。

第二四章は六つの節から成りますが、タイトルを付けると次の通りです[34]。

第一節　結婚の性質

第二節　結婚の目的
第三節　結婚についての一般的な規範とキリスト者の規範
第四節　近親相姦的な結婚の禁止
第五節　姦淫による結婚の解消と再婚
第六節　結婚の解消

〈第一節〉「結婚の性質」

結婚は一人の男性と一人の女性の間でなされるべきものである。いかなる男性も一人より多くの妻を、またいかなる女性も一人より多くの夫を、同時に持つことは、いずれも合法的でない。[1]

1　創世二・二四、マタイ一九・五、六、箴言二・一七(35)

第一節には二つのポイントがあります。
①結婚は一人の男性と一人の女性の間でなされるものであること。
②重婚、一夫多妻制、一妻多夫制は非合法であること。
第一節は、結婚の基本的性質として、結婚は「一人の男性と一人の女性の間でなされるべきもの」と定義しています。引証聖句にあるマタイによる福音書一九章は、ファリサイ派が主イエスに対して「何か理由があれば、夫が妻を離縁することは、律法に適っているでしょうか」と尋ねた場面です。これに対して主は「創造主は初めから人を男と女とにお造りになった」と言われた上で、創世記二章

二四節を引用して「それゆえ、人は父母を離れてその妻と結ばれ、二人は一体となる。だから、二人はもはや別々ではなく、一体である」（五―六節）と答えられました。このように、主イエスは結婚の基礎を神の創造に求められました。神が意図された結婚は「一人の男性と一人の女性」の排他的な結合なのです。

第一節後半では、一夫多妻制が否定されていますが、聖書には一夫多妻制に対する明確な禁止命令はありません。確かに旧約時代の敬虔な人々によって、一夫多妻が実施されていた事例も見られます（アブラハム、ヤコブ、ダビデ、ソロモン等）。しかし旧約聖書に描かれているのは一夫多妻に対する賛歌ではなく、一夫多妻がもたらす弊害です。一夫多妻は、カインの邪悪な子孫であるレメクによって最初に導入されました（創四・一九）。一夫多妻によって、妻の間では嫉妬や争いが促され、夫の側では分別のない行動が促されました。それは女性の品性を傷つけ、子どもをなおざりにし、多くの悪を生み出すもとになったのです。(36)

新約聖書では一夫一婦制の支持はより明確です。先に挙げた主イエスの言葉だけでなく、パウロも「男はめいめい自分の妻を持ち、また、女はめいめい自分の夫を持ちなさい」（Ⅰコリ七・二）と「一人の男性と一人の女性」との結婚を勧めています。さらに、監督と奉仕者の資格に「一人の妻の夫」であることが記されています（Ⅰテモ三・二、三・一二）。

再洗礼派の一部やファミリストなどのセクトでは、一夫多妻制が実施されていました。第一節はこれを否定する意味があったのですが、第一節自体は宗教改革陣営の共通理解であったと言えます。

〈第二節〉「結婚の目的」

結婚は夫と妻の相互の助け合いのため、[1]嫡出の子どもによる人類の増加と聖なる子孫による教会の増大のため、[2]さらには不潔の防止のために定められた。[3]

1 創世二・一八
2 マラキ二・一五
3 Iコリント七・二、九

第二節には「結婚の目的」として三つのことが挙げられています。それは、①夫と妻の相互の助け合いのため、②嫡出の子どもによる人類の増加と聖なる子孫による教会の増大のため、③不潔の防止のため、です。ここで注目しておきたいのは、その順序です。神学者会議のメンバーは、イングランド教会の一般祈禱書にある結婚式のフォームに通じていましたが、そこで挙げられている目的はこれとほぼ同じです。しかし、順序が違います。一般祈禱書にある式次第では、第一に子孫を産んで相応しく育てることが挙げられ、第二が不潔の防止、そして第三が相互の協力や慰めとなっています。けれどもここでは、一般祈禱書では第三であった「夫と妻の相互の助け合い」が第一になっています。[37]

これはピューリタンたちが何を結婚において重視していたかを表していると言えるでしょう。子どもを産んで育てることが第一の目的ではありません。腐敗の防止のための必要悪として結婚を定義していたのでもありません。第一に考えていたのは、夫と妻が相互に助け合って生きることでありました。そしてここでも信仰告白は創造の秩序に根拠を見出しています。引証聖句の創世記二章一八節は結婚の制定に関わるものです。神は「人が独りでいるのは良くない。彼に合う助ける者を造ろう」と言われて結婚を制定されました。一人で生きるのではなく、共に助け合って生きることそのものに結婚の第一の目的があるのです。

カルヴァンも『キリスト教綱要』の中で次のように述べています。

「人間は独りで生きるべきでなく、助け手と結び合うという定めのもとに造られ、更に罪の呪いによってこの必要はますます増大したので、主はこの点について我々を十分に助けるために結婚を制定し、この結合を御自身の権威によって潔め、祝福をもって聖化したもうた」(二・八・四一)[38]。

第二の目的は、子孫を残し、神の民として教育することです。結婚においては、通常、このことが期待されます。また、神の民に与えられた子孫は契約に基づく「聖なる子孫」ですので、それによる教会の増大も期待されています。

第三の目的は、不潔の防止です。パウロはコリントの信徒への手紙一の中でこう勧めました。「未婚者とやもめに言いますが、皆わたしのように独りでいるのがよいでしょう。しかし、自分を抑制できなければ結婚しなさい。情欲に身を焦がすよりは、結婚した方がましだからです」(Iコリ七・八―九)。

パウロは自分のように、独身の召しと賜物がある人はひとりでいることを勧めました。しかしそうでない人、つまり独身に召されていない人、自分を抑制できない人は結婚することを勧めました。独身の召しと賜物がない人が結婚しないことは、さまざまな不潔の原因になりかねないからです。

〈第三節〉「結婚についての一般的な規範とキリスト者の規範」
判断力をもって自分の同意を表すことのできるすべての種類の人々にとって、結婚することは合法的である。[1] とはいえ、主においてのみ結婚することがキリスト者の義務である。[2] それゆえにこそ、真の宗教改革信仰の信奉者は、不信仰者や教皇主義者、あるいは他の偶像礼拝者と結婚すべきではない。また敬虔な人々が邪悪な生活でよく知られた者たちや、いまわしい異端説の保持者と結婚して釣り合わないくびきにつながれるべきではない。[3]

1　ヘブライ一三・四、Ⅰテモテ四・三、Ⅰコリント七・三六―三八、創世二四・五七、五八
2　Ⅰコリント七・三九
3　創世三四・一四、出エジプト三四・一六、申命七・三、四、列王上一一・四、ネヘミヤ一三・二五―二七、マラキ二・一一、一二、Ⅱコリント六・一四

翻訳上の留意点として、'the true reformed religion' は次のように翻訳が分かれています。
「真の改革派信仰」（改革派委員会訳[39]、松尾訳[40]、鈴木訳[41]）
「真実の改革的宗教」（堀内訳[42]）
「改革された教会の信仰」（山永訳[43]）
「真の改革された宗教［プロテスタント信仰］」（松谷訳[44]）
この'reformed religion'は、プロテスタントの一教派としての「改革派」のことではありません。

それはウェストミンスター神学者会議が、一教派の信条の作成を目指したのではなく、三王国に共通の真に聖書的な教会の信条を目指していたことからも明らかです。それゆえこの'reformed religion'はカトリックとの区別を表しているのであり、宗教改革による信仰を表しています。松谷訳は言葉を補うことでそれを明確にしており、村川・袴田訳もその意味で「真の宗教改革信仰」と訳しています。

第三節には三つのポイントがあります。

①判断力をもって自分の同意を表すことのできるすべての種類の人々にとって、結婚することは合法的であること。

②それゆえ、聖職者の結婚を禁じるのは誤りであること。

③キリスト者には主において結婚する義務があること。

第一のポイントは、結婚が創造の秩序に基づくものであり、キリスト者だけに限定されたものではないことから導き出されます。結婚は全人類のために神が制定されたものですから、「判断力をもって自分の同意を表すことのできるすべての種類の人々にとって、結婚することは合法的」なのです。そして神が定められたものですから、「結婚はすべての人に尊ばれるべき」（ヘブ一三・四）なのであり、すべての人々は結婚に関する神の律法に服従するよう義務付けられています。それは洗礼者ヨハネが、兄弟の妻ヘロディアのことで領主ヘロデを責めたことからも明らかです（ルカ三・一九―二〇）。

また当事者の同意が結婚の条件とされていることから、結婚が両当事者の契約であるという考えが示されています。(45) この点は、ウェストミンスター礼拝指針にある結婚の誓約の仕方に典型的に表れていると言えます。それによれば誓約は、両者が向かい合い、まず男子が女子の右手を取ってこう誓います。「わたし、○○は、あなた、○○を、結婚によりわたしの妻とし、神がわたしたちを死によって分かつまで、あなたに対して愛情深い、誠実な夫となることを、神の御前と、この会衆との前で、固く約束し、契約します」。次に女子が男子に対して同じ形で誓約をするのです。ここには、神の御前における両者の契約であることが鮮やかに示されていると言えます。

第二のポイントは、第一のポイントから必然的に引き出されるものです。ローマ・カトリック教会は、聖職者と独身を誓ったすべての人の結婚を禁じています。しかしパウロは、終わりの日に偽りを語る者たちの教えの一つとして「結婚を禁じること」を取り上げています（Ⅰテモ四・一―三）。旧約の下では、預言者、祭司、また神礼拝に直接携わるすべての人々に結婚が許されていました。新約の下でも、宗教の聖職者が結婚状態に入ることを許しています。使徒ペトロが結婚していたことは、マタイによる福音書八章一四節から明らかです。福音宣教者フィリピには「預言をする四人の未婚の娘が」いました（使二一・九）。パウロは「他の使徒たちや主の兄弟たちやケファのように、信者である妻を連れて歩く」権利を主張しています（Ⅰコリ九・五）。また繰り返して「監督は、非のうちどころがなく、一人の妻の夫」であることに言及されています（Ⅰテモ三・二、テト一・六）。聖職者がこの点で、他の人が享受するのと同じ自由を持つことは明らかです。ローマ教会の聖職者の強制された独身こそが、その教会にかつてから存在し、今も存在する邪悪な不品行の主要な原因の一つであると言えます。(46)

カルヴァンは、「独身生活によって貞潔を守ることは、最高の勤勉と努力をもって達成しようとしても誰にもできるというものではなく、主が御業に一層よく備えさせるために或る人々だけに授けられた非凡な恵みであることが明白な告示によって注意を促されているのだから、もし我々が能力の尺度に合わせる生き方をしないなら、神と神の定めた本性に対して争うことにならないだろうか」と述べ、独身は主の召しと賜物によることを明示しています。「妻がいなくても可能な場合でなければ、独身生活を願ってはならない」のであり、「肉欲を制する力がなければ、主が結婚の必要を課したもうたと理解すべき」なのです（『キリスト教綱要』二・八・四三）[47]。

第三のポイントとして信仰告白は「主においてのみ結婚することがキリスト者の義務である」と述べています。そして信仰告白は具体的に、宗教改革的キリスト者は「不信仰者や教皇主義者、あるいは他の偶像礼拝者」と結婚すべきではなく、「また敬虔な人々が邪悪な生活でよく知られた者たちや、いまわしい異端説の保持者と結婚して釣り合わないくびきにつながれるべきではない」と述べています。確かに国教会体制のキリスト教社会において、キリスト者が他の信仰を有する者と結婚することは、まさにあってはならないことでした。宗教改革的キリスト者が「主においてのみ結婚する」義務をもつことは、普遍的なことだと言えます。旧約時代は、神の民が異教徒と結婚することは明確に禁じられていました（出三四・一二―一六、申命七・三）。初代教会の時代では、夫か妻が新たに信仰を持ち、片方の配偶者が偶像崇拝を続けているということが起こらざるを得ませんでした。その場合についてのパウロの指示は、宗教の違いが別れる十分な理由ではなく、相手方が一緒に生活することを望むならば、キリスト者の側が配偶者としての義務を誠実に果たすことが信仰者の義務だというものでした（Ⅰコリ七・一二―一三）。しかし、キリスト者の男性または女性が自由な選択肢を持っているならば、「主にあってのみ結婚すること」が求められたのです。「あなたがたは、信仰のない人々と一緒に不釣り合いな軛につながれてはなりません」（Ⅱコリ六・一四）が、その基本ルールでありました。
結婚の第一の目的は、相互の助け合いであり、第二の目的は、子孫の増加でした。助け合う生活の土台と一致は、共通の信仰によって与えられます。結婚生活は、時間とお金をどのように用いるかによって具体化されます。主の日の過ごし方、家庭礼拝、献金など具体的なことで、共通の信仰なくして、キリスト者の側が望む形が実現することは難しいでしょう。また子どもの教育について、神への畏れの中で子どもを育てようとする努力が、信仰のないパートナーによって打ち消されてしまうことも起こります。キリストへの忠誠と配偶者への忠誠の間で引き裂かれ、妥協する誘惑にも直面します。
新約時代は、確かに異教徒との結婚が明確に禁じられているわけではありません。しかし「主においてのみ結婚することはキリスト者の義務」なのです。真の宗教改革信仰の信奉者は、この視点から自らの結婚を考えなければなりません。

〈第四節〉「近親相姦的な結婚の禁止」

結婚は御言葉で禁じられている血族あるいは姻族の親等内で行われるべきではない。[1] また、そのような近親相姦的な結婚は、いかなる人間の法によっても、また当事者たちの同意によっても、それらの人々が夫婦として生活を共にできるように合法化することは決してできない。[2] 男性は自分の血族で自分が結婚できる人よりも、妻の血族で血縁がより近い者とは結婚できない。また女性も、自分の血族の中で自分が結婚できる人よりも、血縁がより近い夫の血族の誰とも結婚できない。[3]

1　レビ一八章、Ⅰコリント五・一、アモス二・七

2　マルコ六・一八、レビ一八・二四―二八

3　レビ二〇・一九―二一

第四節は近親相姦的な結婚の禁止を述べています。信仰告白は、結婚だけでなく、結婚からの逸脱についても、あくまで聖書の教えに立とうとしています。つまり、近親相姦についても、当時の法律ではなく、聖書によってこれを定義しようとしています。それゆえ、「結婚は御言葉で禁じられている血族あるいは姻族の親等内で行われるべきではない」のであり、「そのような近親相姦的な結婚は、いかなる人間の法によっても、また当事者たちの同意によっても、それらの人々が夫婦として生活を共にできるように合法化することは決してできない」のです。

逸脱した結婚・性的関係のリストが引証聖句であるレビ記一八章にあります。またそれは、預言者アモスによって嘆かれ（アモ二・七）、コリント教会でも起こっていたものでした（Ⅰコリ五・一）。

御言葉に反する近親相姦的な結婚は、たとえ人間の権威によって是認されても、合法的にはなりません。彼らは夫と妻ではなく、夫と妻ではあり得ないのです。

問題になるのは最後の文章です。これによれば、男性は亡くなった妻の姉妹と結婚できないことになりますし、女性も亡くなった夫の兄弟とは結婚できないことになります。ここの引証聖句はレビ記二〇章一九―二一節です。しかしここには、死亡した配偶者の兄弟のことには言及されていません。レビ記一八章も二〇章も、死後の再婚のことには全く言及がなく、生きている兄弟の妻との逸脱した性的関係に言及されているに過ぎません（レビ一八・八、二〇・二一）。死亡した配偶者の兄弟と結

婚することを聖書が禁じているとは言えませんし、実際によく起こっていたと思われます。申命記二五章五―一〇節には、家名存続のためにそれを勧める規定すらあります。

それゆえアメリカの多くの長老教会は、一九世紀末にこの部分を削除しています。(48) それを受けて、日本キリスト改革派教会も、第一七回大会でこの部分を「我が教会の信仰告白より削除すること」を可決しています。(49)

〈第五節〉「姦淫による結婚の解消と再婚」

婚約後に犯された姦淫または淫行は、結婚前に発見されると、罪のない側にその婚約を解消する正当な理由を与える。[1] 結婚後の姦淫の場合には、罪のない側は離婚を申し立てることが合法的である。[2] そして離婚後には、罪を犯した側があたかも死んだかのように、別の人と結婚することは合法的である。[3]

1 マタイ一・一八―二〇
2 マタイ五・三一、三二
3 マタイ一九・九、ローマ七・二、三

第五節と第六節は離婚を扱っており、第五節は離婚の合法的理由としての姦淫について述べています。第一に、結婚前の姦淫や密通は婚約を終わらせる合法的理由です。引証聖句マタイによる福音書一章一八―二〇節は、ヨセフがマリアの妊娠を知り、彼女が他の人と関係を持ったと推測した時、契約していた結婚の約束を破棄しようとしたことを示しています。

第二に、結婚後にもし片方が姦淫を犯したら、結婚は離婚によって合法的に終了され得ると信仰告白は述べています。そして潔白な側は、「罪を犯した側があたかも死んだかのように」合法的に別の人と結婚することができるのです。留意すべきことは、不法な性的行為が離婚を必然としているとか、あるいは離婚を勧めているのではないということです。罪のない側は正当に離婚を申し立てることはできますが、離婚が必然だと述べているのではありません。

〈第六節〉「結婚の解消」

人間の腐敗ははなはだしいもので、神が結婚において結び合わせられた者たちを不当にも引き離そうとしていろいろ理屈を考え出そうとしがちであるが、それにもかかわらず、姦淫あるいは教会や国家的為政者によっても救済できないような故意の遺棄以外の何事も結婚の絆を解消するに足る理由にならない。[1] そして離婚の場合も公的できちんとした手続きが守られるべきであり、当事者たちは自分自身の件において自身の意志と裁量に任されるべきではない。[2]

1　マタイ一九・八、九、Ⅰコリント七・一五、マタイ一九・六

2　申命二四・一―四

第六節には二つのポイントがあります。

①離婚の正当な理由は、姦淫と故意の遺棄に限定されること。

②離婚においては、公的できちんとした手続きが守られること。

第五節で離婚の正当な理由として姦淫が取り上げられました。ここでは、第二の理由として「教会や国家的為政者によっても救済できないような故意の遺棄」が挙げられています。過去に解釈の上で議論があったのは、故意に遺棄された側に再婚の自由があるのかということでした。引証聖句のコリントの信徒への手紙一、七章一五節には「しかし、信者でない相手が離れていくなら、去るにまかせなさい。こうした場合に信者は、夫であろうと妻であろうと、結婚に縛られてはいません」とあります。パウロは捨てられた側には再婚の自由があることを明らかにしています。「なぜなら、回復できない遺棄によって結婚の絆は破壊されており、結婚が定められた目的は完全に失われ、そして、潔白な側がすべての救済を否定されるのは合理的ではないから[50]」です。

けれども離婚の場合には「公的できちんとした手続きが守られること」の必要を信仰告白は述べています。これは引証聖句である申命記二四章一—四節にあるように、旧約時代にも求められていたことでした。結婚は公的な宣言であったがゆえに、教会と国家によって結婚を修復するための公的な試みがなされるべきなのです。「当事者たちは自分自身の件において自身の意志と裁量に任されるべきではない」と信仰告白は述べています。

実は、この六節のような主張に反対したのがジョン・ミルトンでした[51]。これについては後に取り上げます。ウェストミンスター信仰告白の多くの注解書は、六節の主張をほぼそのまま現代に適用することを求めています。一九世紀までの注解書は言うに及びませんが、比較的新しい注解書もそうです[52]。その中で注目したいのはトム・ウィルキンソンの注解書です[53]。彼は「ある人が姦淫を犯した場合、常にというわけではないが、しばしばその配偶者の側に、法律の対象にはならないが、いわば姦淫を促すようなさまざまな原因がある」と指摘します。また「暴力、アルコール依存症、虚言、心理的残虐行為といった他の悪は離婚の有効な理由と認められていないのに、なぜ姦淫はそのようなものとして認められるのか[54]」と問います。さらに「離婚が唯一の出口となることがあるのは避けられない」とし、「非常に良いキリスト者である少なからぬ人々が、良い結婚関係を達成できずに別れているのは、極めて明白である[55]」と述べます。そして彼は、離婚の問題をもう一度聖書の光に照らして吟味することを訴えているのです。

トム・ウィルキンソンは新約学者としてマタイによる福音書一九章を解釈し、「イエスはファリサイ派の人々から出された質問の中で取られている、結婚と再婚に対する非常にゆるんだ姿勢を拒否しておられた[56]」こと、「イエスは、ただだれか別の人と結婚するための離婚は誤っていると言おうとなさっている」こと、「離婚後の再婚はあり得ないということはなく、離婚が夫または妻の結婚関係における不誠実のゆえである場合には、再婚は合法的[57]」であることを明らかにしています。そして姦淫と故意の遺棄だけが離婚の理由なのかと問い、次のように答えています。「例えば、ある女性とその子どもたちに暴力がふるわれ、命と体が危険にさらされることがある。彼女はそれでもその結婚関係にとどまるよう助言されるべきだろうか。彼女にそう助言すべきだと言うことは、ある人に対する死の宣告をすることを意味すると言ってよい。これこそ、愛情のこもった聖書の教えに全く反することである[58]」。

エドワード六世の時代に作成された『教会法改革』では、離婚の理由は姦淫と故意の遺棄に限定されず、多くの理由が有り得るとされていました。しかし、ウェストミンスター信仰告白では二つの理由に限定されています。ここには、歴史的理由があると考えられます。というのは、長老派がこの立場を取ったのは、かつて主教制によって保たれていた社会秩序の維持を強く願う思いが働いていたと思われるからです。実際長老派の多くはもともと穏健な主教制を支持していた者たちでした。いわゆるピューリタン保守派の影響がこの部分に現れているように思われます。いずれにせよ、ジョン・ミルトンとの論争によってそれが明らかになるのです。

5　ジョン・ミルトンの離婚論

(1)ミルトンの生涯[59]

ジョン・ミルトン（John Milton, 1608.12.8-1674.11.8）は、一七世紀の英国を代表する詩人として知られます。彼は裕福な公証人を父としてロンドンに生まれました。セント・ポール学校を経て、ケンブリッジ大学クライスツ・カレッジに進みます。整った容姿とずば抜けた秀才のゆえに仲間から「ケンブリッジの淑女」と呼ばれていたそうです。その間に恋愛詩を書き、卒業後はロンドン西郊に隠棲して田園詩ふうの作品を書きました。一六三八年から翌年にかけて、彼はイタリアへ旅行しました。『キリスト教人名辞典』[60]の記述によれば、この旅行までの期間が、ミルトンの第一期、詩人としての準備期間に当たります。

そして第二期が評論と政治活動の時期で、これが、旅行が中断した一六三九年からの二〇年間です。ミルトンは「ちょうど革命の時期にあたるこの二〇年間を、おもに議会側の論客として過ごし[61]」ました。そして彼は、宗教論、家庭論、政治論をさかんに書いたのです。

第三期が一六六〇年の共和制政府崩壊後の時期です。この時期にイギリス文学最大の傑作の一つと言われる『楽園の喪失』（一六六七年）を出版します。また一六七一年には『楽園の回復』と『闘技士サムソン』を合本で出版します。そして一六七四年一一月に、三番目の妻エリザベスに看取られながら生涯を閉じました。享年六五歳です。

ミルトン研究者の新井明は、彼の生涯に大きな影響を与えた三大要素として、第一にトマス・ヤングとの出会い、第二にメアリ・ポウエルとの結婚、第三に彼自身の失明を挙げています。[62] 離婚論との関係では、この第一と第二の要素が大きな意味を持ちます。

トマス・ヤングは、スコットランド出身の長老派の牧師です。[63] スメクティムニューアス（Smectymnuus）[64]と呼ばれた強い長老主義者の一団の一人として知られ、ウェストミンスター神学者会議にも参加しています。その彼が、ジョン・ミルトンの家庭教師をしていました。一六一五年から一六二〇年頃ですので、ミルトンの一〇代前半の頃です。ミルトンはこのトマス・ヤングから強い影響を受けました。それは宗教的な影響に留まりません。新井明によれば、ミルトンに詩歌の世界への目を開かせたのはヤングでした。[65] こうしてミルトンはトマス・ヤングの影響で長老派となったのでした。

ミルトンは一六四二年の初夏にメアリ・ポウエルと電撃的に結婚しました。ミルトンは三三歳、メアリは実に一七歳年下の一六歳でした。ポウエル家は王党派に属していました。なぜミルトンはメアリと結婚したのか。詳しいことは分かりません。平井正穂は「ミルトン家とパウエル家の間にはなんら暖い交友関係はそれまでにはなく、ただ金銭上の貸借関係があったにすぎない。ミルトンは恐らく五〇〇ポンドの貸金の催促にゆき、その娘を貰って帰ってきたというのが真相であろう[66]」と述べています。厳格なピューリタンであったミルトンと、王党派で世俗的な生活感情を持っていた少女のメアリ。結婚生活はうまく行きませんでした。メアリは二か月ほど経ったころ、親元に帰ってしまいます。この体験は彼にとって深刻なものでした。そしてこの体験を経て、ミルトンは結婚とは何かという問題を真剣に考えたのです。妻の同居拒否の申し立てをすれば離婚は法的に認められたはずですが、彼はその措置を取りませんでした。ですから彼の一連の離婚論は、妻との離婚を正当化するための理論だという主張は当てはまりません[67]。ミルトンは自分個人の問題ではなく、それを契機に「結婚とは何か」を熟考したのです[68]。

ミルトンが離婚論を展開した前後を年表にすると次のようになります[69]。

（ミルトン）	（関連事項）
一六四〇年	長期議会開会（一一月）
一六四一年『イングランド宗教改革論』[70]（五月）	
『スメクティムニューアスに対する抗議者の弁明への批判』（七月?）	「大抗議文」（一一月）
一六四二年『教会統治の理由』[71]（一月―二月）	
『スメクティムニューアス弁明』（四月）	

一六四三年

メアリ・ポウエルと結婚（初夏）

国王挙兵、内乱開始（八月）

メアリ、実家に戻る（八月？）

神学者会議召集条例可決（六月）

ウェストミンスター神学者会議開会（七月）

『離婚の教理と規律』（八月）

「厳粛な同盟と契約」採択（九月）

独立派『弁明の陳述』出版（一二月）

一六四四年

スコットランド軍、イングランドに入る（一月）

『離婚の教理と規律』第二版[72]（二月）

神学者会議の「大討論」（二月―五月）

『教育論』[73]（六月）

『マルティン・ブーサー氏の判断』[74]（八月）

マーストン・ムアの戦いで王党軍敗北（七月）

『アレオパジティカ』[75]（一一月）

一六四五年

ウィリアム・ロード処刑（一月）

『四絃琴（テトラコードン）』[76]（三月）

『懲罰鞭（コラスティーリオン）』（三月）
ネイズビーの戦いで、ニュー・モデル軍、
王党軍を破る（六月）
メアリ・ポウエル、ミルトン家に戻る（夏？）

ミルトンが一六四一年から四二年にかけて出版した四つの書物は、いずれも長老主義者の立場に立って主教制を批判するものでした。恩師トマス・ヤングと同じ立場から論陣を張ったのです。そしてウェストミンスター神学者会議が開催された時、彼は「敬虔、学識、思慮分別が備わった、博学で注目すべきシノッド[77]」と呼んで高く評価しました。

しかしミルトンが一六四三年八月に『離婚の教理と規律』（第一版）[78]を出版してから、状況が変わっていきます。ミルトンが批判したのは、姦淫以外の理由で離婚は認めず、離婚は認められても再婚は認められないとしていた英国国教会の教会法でした。長老派を議論の相手にしていたのではありませんでした。しかし実際には、長老派から厳しい批判の声があがったのです。

第一版はミルトンの予想を超えてよく売れたようです。そこで一六四四年二月に第二版が出版されました。今度は長老派からの批判を意識した内容となり、イングランド議会とウェストミンスター神学者会議に捧げられました[79]。

これに対して、長老派からかなり激しい批判がなされました。二月二八日、ミルトンの恩師トマス・ヤングが、独立派の『弁明の陳述』を批判する説教の中で彼の離婚論を非難しました。ヤングはその本の著者を独立派と考えていたようです。また、八月一三日には、長老派のハーバート・パーマーが、議会とウェストミンスター神学者会議を前にした説教の中で、この離婚論を「異端と分派行動」と決めつけて、焼き捨てることを要求したのです[80]。

ミルトンは彼自身の母体であった長老派から激しい反駁を受け、長老派から離反することになりました[81]。その後もミルトンは離婚についての三つの書物を出版します。それが『マルティン・ブーサー氏の判断』、『四絃琴（テトラコードン）』、『懲罰鞭（コラスティーリオン）』で、これに『離婚の教理と規律』を加えてミルトンの離婚についての四部作となります。

ミルトンは一六四四年一一月に『アレオパジティカ』を出版します。これは長老派が言論を統制しようとすることへの批判でした。彼は異なる見解は公に議論されるべきで、理性こそ選択の基準だと論じました[82]。こうして彼はほぼ独立派の立場に立つことになります。一六四六年には独立派の『弁明の陳述』を擁護し、スコットランドの長老派を厳しく批判したのです[83]。

(2)ミルトンの離婚論

ミルトンの著作に従って、彼の離婚論の特徴を挙げてみます。

①結婚は神の御前における契約と考えていること。

『離婚の教理と規律』の中で彼は次のように述べています。

第四に、結婚は契約であり、その本質は、強制された共住や見せかけの義務の履行のなかにあ

るのではなく、いつわりなき愛と平和のなかにこそあるのであります。(84)

②結婚の目的は、慰めと平安の中で助け合い、人生の成果を目指すこと。それが実現しなければ離婚すべきであること。

ミルトンは結婚の目的について、特に神が結婚を制定された最初の定めを重視してこう述べています。

神は最初に結婚をさだめたとき、いかなる目的をもってそれをさだめたかをわれわれに教えておられます。すなわちその目的とは、人を孤独な生活の不幸から守り、慰め、元気づけるための、男女の適切、かつ快活な語らいにありと明言し、生殖の目的にかんしては、あとで必要性においてはともあれ、尊厳性においては二次的な目的にすぎないとして述べるにいたるまでは、触れていないのであります。(85)

そこで最後に残されたのは、ふたりの心があいふさわしく通じ合い、楽しい心の語らいを維持することができ、神がまさに結婚の元初の定めを制定するに際して、「かれのために、ふさわしい助け手をつくろう」と意図し、約束されたように、相互の慰めと愛とに到達するとき、であります。なぜならば、たしかに、神が意図し、約束されたこと、これこそが神の結びのご意思と考えられます。そして、その逆は言えぬことだからであります。同様に、使徒［パウロ］は、「第一コリント書」七章一五節で、結婚において、「神は、われわれを平安に暮らさせるために、召されたのである」と証言しております。まことに、神がわれわれを結婚へと召されたのは、この目的のためにであり、この目的のためにこそわれわれを結び合わせたもうたのであります[86]。

このようにミルトンは、慰めと平安の中で助け合うことが結婚の目的だと主張し、子孫の増加や不潔の防止は二次的なものと考えます。そして彼の主張を示す中心的聖句がコリントの信徒への手紙一、七章一五節です。

そしてミルトンは、この目的が実現しないなら離婚すべきだと言います。もちろん彼は、結婚を簡単に解消しても良いと主張しているのではありません。相互の慰めと平安を求めてできるかぎり持続する努力を怠ることは許されません[87]。しかし不幸にして、それでも「契約」が破棄される事態が生じた場合は、「自然と理性」の判断で、離婚の道を模索することを余儀なきこととしたのです。彼の言葉を聞きましょう。

慰めと平安という、結婚の交わりの主要な恵みを妨げたり、これからもつねに妨げそうな心の不適応、不釣り合い、あるいは不一致は、変えることのできない自然の原因から生じるものでありますが、これは肉体上の不感症以上に大きな離婚理由であります[88]。

したがって魂のこの元初の罪のない〈欠乏〉あるいは〈孤独〉が、神が結婚においてさだめたふさわしくかつ満足できる〈和合〉のかたわらに（ある程度の釣り合いを保って）休らうことのできないときには、それは〈愛〉をみごもり、産むことはできず、形式ばかりの結婚につながれて、結婚していない状態におきざりにされ、まさしく聖パウロの言う意味で、いつまでも「情を燃やし」つづけることになるのであります。……したがって、結婚のもっとも自然かつ人間的目的からとうぜん受けるべきものを受けていない人は、あの楽しかるべき契約に従って悲嘆の状態で傷つけられつつ日を送るくらいならば、そんな生活から足を洗い、離婚したほうがよいと考えるのであります。（なぜならば愛されずに現状に縛られることは、高潔な心の持ち主にとって最大の害でありますから。）それで離婚を求める人は、結婚生活に高い名誉をあたえこそすれ、それを汚したくはない人であると、わたくしは言いたいのであります。[89]

すなわち結婚していても、もっとも大切な助けを得られず、そのためにかれ本来の務めを相手にたいして果たすこともできず、ために相手を悲しませたくはないのに悲しますことになり、こちらも同じように悲しむことになる、そのような人は、ひとえに愛と平安のために、相手のその後の生活も考慮にいれたうえで、離婚の手続きをとるべきである、と。良い潮時をえて、賢明かつ平静に同意して別れることのほうが、喜びと調和のあの秘儀を（悲しみでせめぎあい、絶え間なくいらだちつづけて）汚し、冒瀆するよりは、結婚生活の破壊としては小さくてすみます。[90]

結婚は人間の交わりであり、すべての人間の交わりはからだよりも、むしろ心から生まれ出なければならないということであります。さもなければ、それは生き物の結合、動物的結合にすぎなくなるでありましょう。それゆえ、もし心が、理性的にも人間的にも求めて当たりまえの正当な交わりを、結婚によって得ることができないならば、かかる結婚は真の人間的交わりとはなりえず、ひとつのはっきりした形式に堕してしまいます。そうなればそれは動物の交合同然の状態をかくす覆いにすぎないのでありますから、まさに英知と純潔をはたらかせて、解消されるべきであります。[91]

さて、もしキリスト信徒が信者らしからざる束縛に陥り、宗教的にも気質的にも、別種の相手と誤った結婚をしてひとつのくびきにつながれたばあい、ときには信仰上の平安が乱されるということではすまされず、その平安が絶え間なく攪乱されてやまないといたします。このばあい、聖パウロの前の根拠は、不信心というひとつの事例にとってのみ特例として認められるのではなく、キリスト信徒の自由と平安が（キリスト信徒の側になんの落度がなくとも）妨げられるようなばあいには、離婚にたいしても、ひとしく重要な根拠となるのであります。そうなれば、神がわれわれの慰めのためにあたえた結婚の命令が、われらを不当な奴隷状態に釘づけにして、いわばにせの結婚の檻のなかに閉じこめ、それ以上の悪しきことは起こらぬとしても、結婚の約束のもとで、じつは永遠の孤独と不満に縛りつけられるなどということはなくなるでありましょう。[92]

③こうした離婚を許さない政治・宗教体制は誤りであること。

ミルトンは、離婚禁止による悲劇の原因は、教会法とその信奉者にあると考えました。(93) 彼は次のような言葉で教会法を批判しています。

主が良心にたいしてのみ説かれたことが、教会法の暴政にひったくられて、法廷の強制的な非難の的となっているのであります。法廷では、自然が刻印した神聖で密やかな力に反してまでも、諸法が押しつけられ、忌み嫌われる理由のさだかなるものでも、それを愛するように強いられるありさまであります。これは婚姻の名誉、人間とその霊魂の尊厳、キリスト教の精髄、よき市民にたいする人間的敬意などにたいする憎むべき野蛮行為であります。(94)

〈教会法〉の強い命令は、結婚の祝福された定めに恫しをかけ、それを不自然きわまりなく、キリスト教とは似ても似つかぬくびきにはめこみ、それを憎み、しばしばみずからも不本意ながら、あらゆる放埒な不浄行為へと押しやる権を肉にあたえてきたのであります。そのため、ついには〈罰〉じしんがうんざりして、手を上げてしまうほどに、売春と無節制な姦淫行為とが信じがたいほどの勢いではびこるにいたったのであります。(95)

④離婚禁止の規定は聖書の誤った解釈に基づいていること。

ミルトンは教会法にある離婚禁止の規定は、聖書の誤った解釈によると考えていました。彼は「聖書の誤った解釈が、結婚の祝福を、家庭の災い、共住の災いに変えたことは珍しいことではありません」[96]と述べています。ミルトンはあくまで聖書に基づいて論じようとしました。彼は聖書の解釈によって、自らの離婚論を展開したのです。特に『四絃琴（テトラコードン）』では、離婚に関する聖書の四つの箇所を取り上げて、それぞれの論点に独自の解釈を加えて調和を試みています。四つのグループとは、①創世記一章二七―二八節、二章一八、二三、二四節、②申命記二四章一―二節、③マタイによる福音書五章三一―三二節、一九章三―一一節、④コリントの信徒への手紙一、七章一〇―一六節です。「ここにおいて一見矛盾するかに見える聖書の中の四つの弦が、神の慈愛の手に触れて琴のように調和した音色を発すること[97]」をミルトンは願ったのです。

⑤多くの先人もミルトンと同じ主張をしていること。

ミルトンはその離婚論の中で、多くの先人が自分と同じ意見を持っていたと主張します。[98]繰り返して登場するのは、オランダの法学者・政治家であったフーゴ・グロティウスと、ケンブリッジ大学のヘブライ語教授であったパウルス・ファギウスです。[99]そして、ミルトンが強い共感を示したのが宗教改革者マルティン・ブツァー（Martin Bucer, 1491-1551）の離婚論でした。ミルトンはブツァーの書物との出会いについて、次のように語っています。

思い出してみますと、わたしくの書物が再版せられて三か月になんなんとするころ、わたくしは初めて、マーティン・ブーサーが離婚についての論陣を張っていたということを耳にいたしました。その著述を熱心にひもといてみて、直ちにわかりましたことは、（驚きいったことすが）わたくしがそれまでいかなる著者の助けも借りずに模倣もせずに、苦心惨憺、構築し、公刊した拙著と、同じ根拠に裏打ちされた同意見が、そこに開陳されているということでありました。扱いかた、順序、議論の数では多少違っていなかったわけではありませんが、結論ではつねに一致しているのであります。(100)

そしてミルトンは、ブツァーがエドワード六世にささげた『キリストの王国について』の一部を英訳する決心を固めます。そして英訳にミルトン自身による「議会への献呈文」と「後書」を付けて出版したのです。ブツァーは、婚姻を世俗に属する事柄と理解していました。(101) 彼はその結論部分で次のように述べています。

あらためて申し上げるまでもないことでございますが、人間はすべて個々の家庭に生まれてくるものでありますからには、個々の家庭において貞潔・清潔なる生活が、まず確立しているのでなければ、コモン・ウェルスに貞潔・清潔なる生活が再建され、維持されることは決してございません。このためには、君主や為政者の側が、まず売春や姦淫を罰すること、次に結婚を律法の精神に立って、主のみ名においてとり結ばせ、誠実に維持させること、そして最後に（神の法、自然の法、敬虔なる君主がたの法のさだめにならい）結婚生活が不幸に窮したときには、合法的にそれを解消させ、再婚をゆるすことが必要なことは、賢明な御方には疑問の余地のなきところでございます。これは聖書の明白な典拠にもとづき、古代の教父たちの著作やその他の証言を加味

しつつ、わたくしとして証明してまいりましたとおりでございます。(102)

ミルトンはブツァーの主張が、自らの主張と軌を一にしていることを知り、大いに力づけられました。ミルトンもまた、結婚離婚の問題は、教会法というより世俗法によって処理されるべきと考えていたのです。

(3) 独立派の離婚理解

離婚問題で長老派を離れたミルトンが、独立派の立場に近づいたと先に述べました。では、独立派の離婚理解はどのようなものだったのでしょうか。

聖句付きのウェストミンスター信仰告白が、神学者会議から議会に送付されたのが一六四七年四月二九日です。そして議会がウェストミンスター信仰告白を採択し、印刷を命じたのが一六四八年六月二〇日です。しかしこの段階で、議会の主導権は長老派から独立派に移っていました。それゆえ議会で採択された信仰告白には、独立派の考えによる訂正がなされていました。タイトルが『キリスト教信仰の箇条』（Articles of Christian Religion）に変えられ、第三〇章「教会の譴責について」と第三一章「総会議（シノッド）と大会議（カウンシル）について」の全部が削除、さらに第二〇章「キリスト者の自由と良心の自由について」、第二三章「国家的為政者について」、第二四章「結婚と離婚について」の一部が削除されていました。特に第二四章については、五節と六節の削除及び四節の最後の文が削除されていました。すなわち、ウェストミンスター信仰告白の離婚に関する規定が削除されたのです。[103]

一六五八年の『サヴォイ宣言』は、独立派の教理と教会政治についての基本的な宣言と言えますが、ここでも信仰告白はこの一六四八年の『キリスト教信仰の箇条』に若干の修正がなされたものが採用されています。つまり、独立派は一貫して離婚規定を削除したのです。

この『サヴォイ宣言』は、アメリカのマサチューセッツ湾植民地でも、一六八〇年の教会会議で受容されます。このマサチューセッツ湾植民地は、厳しいピューリタンとしての生活規律が求められたことで知られていますが、離婚についてはどうだったのでしょうか。

デイヴィッド・D・ホールは、「入植者たちは社会的、道徳的生活のある側面を、宗教の法令から離れたところに置いた。とくに結婚を完全に世俗の問題とし、離婚をも容認した」[104]と述べています。

このように独立派は、結婚・離婚問題を基本的に世俗の事柄と考えました。それゆえ長老派のような離婚についての国家や教会の関わりを認めず、当事者に委ねる姿勢だったと言えます。ミルトンの考えとの類似性を見出すことができます。

6　おわりに――ミルトンの離婚論とウェストミンスター信仰告白は調和できるのか？

(1)ミルトンの離婚論とウェストミンスター信仰告白の共通点・相違点

最後に結論として、ミルトンの離婚論とウェストミンスター信仰告白第二四章が調和できるかを検討してみたいと思います。三つの共通点を挙げることができます。

①結婚を契約として理解していること。

②結婚の主要目的を「相互の助け合い」「慰めと平安」としていること。
③聖書を基盤としていること。

いずれもピューリタンとして共通の結婚理解の大枠を持っていると言えます。ただ、②の結婚の目的については、ミルトンはこの目的だけを強調しているように見受けられます。

では、両者の相違点はどうでしょうか。二つの相違点を挙げることができます。

①離婚の理由

ウェストミンスター信仰告白は第二四章六節で、離婚の正当な理由は、姦淫と故意の遺棄に限定されると主張しています。ミルトンの主張にはこのような限定はありません。慰めと平安の中で助け合うという結婚の目的が維持できないならば離婚すべきだというのが彼の主張です。

②離婚の方法

ウェストミンスター信仰告白第二四章六節は、「人間の腐敗ははなはだしく」、「神が結婚において結び合わせられた者たちを不当にも引き離そうとして色々理屈を考え出そうとしがちである」から、離婚については、「自身の意志と裁量に任されるべきでは」なく、教会や国家的為政者の関わりを是認します。

一方ミルトンは、結婚の成否は結婚当事者の「キリスト者としての判断」に任されており、教会や聖職者がそれに介入することを拒否します。結婚は私事であり、世俗法のみが関わりを持つのです。

(2) 二つの論点

この比較を受けて、ウェストミンスター信条を採用している教会として考えるべき二つの論点を検討しておきたいと思います。

①離婚の理由を排他的に「姦淫」と「故意の遺棄」に限定できるか。

排他的に文字通りの二つに限定することは無理だと言えます。確かに信仰告白二四章六節は、離婚理由をこの二つに限定していますが、これには歴史的背景があったと言えます。

第一にセクトへの警戒です。内乱期には多くのセクトが誕生し、婚姻の形態も大いに議論されていました。一夫多妻制、一年契約結婚制、自由性交渉論など、婚姻の秩序が根底から崩れる傾向がありました(105)。そうした中で、結婚の秩序を守ろうとする傾向がありました。

第二に独立派への警戒です。セクトと比較すれば非常に正当な婚姻理解を持っていた独立派ですが、離婚論の議論がなされた時期は、ウェストミンスター神学者会議において特にプレスビテリーを巡って長老派と独立派が厳しく対立した時期でした。神学者会議の長老派は、独立派が秩序破壊的要素を持っていることを強く警戒しました。実際、長老派の大半は、神学者会議が始まってから長老派に加わった者たちで、真に願っていたのは、主教制によって保たれていた秩序が引き続き維持されることでした。主教制廃止が決まったため、「次善の選択」として長老派に加わったのです。こうした時代背景が、離婚の理由を限定的にすることの背後にあったと考えられます。つまり、かつて主教制が担っていた秩序が、長老制によって保たれることが期待されたのです。国教会体制の中で秩序を重視する考えによって、離婚の理由が限定的になった可能性があると思われます。

また既にみたように、ブツァーのような宗教改革者や、イングランドであれば『教会法改革』は、これ以外にも離婚の理由を認めていました。この二つに排他的に限定する立場が、必ずしも宗教改革の共通理解ではありません。

こうしたことを考えれば、姦淫や故意の遺棄とは言えない事情であったとしても、姦淫や故意の遺棄に匹敵するような契約関係への背反、あるいは契約関係を続けることが不可能な事情があれば、正当に離婚できると第二四章六節は解釈されるべきだと言えます。また離婚した者は再婚できると言えます。

②結婚を私事と考えて、離婚の手続きを当事者だけに任せることができるか。

ウェストミンスター信条を採用している教会としては、これは無理だと言えます。当事者のみの判断でよしとするミルトンには、やはり理性への信頼の度合いが高いと言えるでしょう。一六四四年一一月に出版した『アレオパジティカ』は長老主義への批判が背景にあると言えます。新井明は次のように述べています。

> 一六四四年一一月に出版された『アレオパジティカ』では、彼はまぎれもなく、長老主義への挑戦者として登場してくる。誘惑にさらされながらも、また過失をおかしながらも、みずから「正しい理性」に拠って、行くべき道を自律的に選び取るのが「真の戦えるキリスト信徒」である、と主張するにいたる。一定のわくをもって人の良心・理性の判断に介入する可能性を持つ制度に、ミルトンははげしく抵抗せざるをえなかった。「神がアダムに理性をあたえたとき、選択の自由をあたえたのである。なぜならば、理性とは選択にほかならないのである」。こうして長

老派と絶縁したミルトンが、とりもなおさず「正しき理性」にかたく立つミルトンであることがわかるのである。[106]

われわれは、ミルトンほど理性に対して楽観的になることはできません。当事者の判断のみで正しい判断ができるとは言えません。教会、とりわけ牧師が、牧会的に深く関わることが求められていると言えます。

最後の結論として、ウェストミンスター信仰告白を教会の信仰規準として採用している教会として求められているのは、第一に、結婚・離婚についての聖書の研究を深めることです。[107]それに基づいてウェストミンスター信仰告白を健全に解釈・運用することが必要です。

第二に、教会が、御言葉の確信に立って牧会的に関わる姿勢を持つことです。結婚・離婚の問題ほど、当事者が客観的に健全な判断をすることが難しい問題はありません。長老主義教会は、権威主義的ではなく牧会的に当事者に関わり助けるのです。それが今日の長老教会に求められていることだと言えます。

注

（1）松谷好明『イングランド・ピューリタニズム研究』聖学院大学出版会、二〇〇七年所収。
（2）村上みか「宗教改革期における結婚の問題」『宗教改革と現代』新教出版社、二〇一七年、一六八頁。
（3）デンツィンガー・シェーンメッツァー『改訂版　カトリック教会文書資料集』エンデルレ書店、一九八八年、二〇〇頁。

（4）同書、二四八頁。

（5）同書、一六五頁。

（6）マルティン・ルター『宗教改革三大文書』深井智朗訳、講談社学術文庫、二〇一七年、三〇六頁。

（7）同書、二八四頁。

（8）同書、二八五頁。なお、翌一五二一年にルターは「修道誓願について」を著し、この問題をより詳しく論じている（『ルター著作集』第一集第四巻、聖文舎、一九八四年、二五七―四五四頁）。

（9）『一致信条書』聖文舎、一九八二年、五一三頁。なおこの「この世的な事柄」の部分には註があり、「自然の神の秩序」とされている。つまり、ルターにとって結婚は、創造の秩序に関わるものであった。

（10）同書、五一三―五一七頁。

（11）デンツィンガー・シェーンメッツァー、前掲書、三一一―三一四頁。

（12）松谷好明、前掲書、八九―九四頁。

（13）James C. Spalding, *The Reformation of the Ecclesiastical Laws of England, 1552*, Sixteenth Century Journal Publishers, 1992, pp.99-106.

（14）松谷好明は、イングランド教会における結婚および離婚に関わる規定としては、この『教憲教規』が『教会法改革』の線から後退していると評している（松谷、前掲書、九三頁）。

（15）大木英夫『ピューリタニズムの倫理思想』新教出版社、一九六六年。

（16）同書、二五一―二五二頁。

（17）以下は、同書、二五三―二五九頁による。

（18）同書、二五二―二五三頁。

(19) 同書、二五五頁。

(20) Reformed Presbyterian Church of North America は、オリジナル・テキストに改定を加えず、その解釈として Testimony を加える方式を取っている。

(21) 大教理問一四二の答えにある depopulations を depredation に取り替えたことを含めれば五か所になる。

(22) 日本キリスト改革派教会は、大教理問答を除いて、第四回大会（一九四九年）でこの変更を受け入れている。

(23) *The Confession of Faith and Catechisms*, the Committee of Christian Education of the Orthodox Presbyterian Church, 2005, viii.

(24) それゆえ、アメリカの長老教会のウェストミンスター信仰告白は三三章ではなく三五章になっているものがある。オリジナル・テキストからどのように改定されたかの記録がない場合が多いので使用には注意を要する。

(25) *The Confession of Faith and Catechisms*, ix.

(26) *The Westminster Confession of Faith, An Authentic Modern Version*, Summertown Text, Third Edition, 1992, pp.101-102.

(27) 一八四二年に Peter Hall がこの改訂版を出版した。以下のページ数はこれによる。

(28) Ibid., pp.437-472.

(29) それぞれの簡単な要約が、松谷好明、前掲書、九四—九七頁にある。

(30) 松谷好明、前掲書、九七頁。

(31) David Dickson, *Truth's Victory over Error*, 1684; first Banner of Truth edition 2007.

(32) David Dickson, ibid., pp.182-188.

(33) 松谷好明、前掲書、一〇一頁。

(34) 各節の釈義で参照した主たる参考文献は次の通りである。A. A. Hodge, *The Confession of Faith*, Edinburgh, the Banner of Truth Trust, 1958; first published in 1869; Robert Shaw, *An Exposition of the Confession of Faith*, Christian Focus Publications, 1992; first published in 1845; Wayne R. Spear, Faith of Our Fathers, *A Commentary on the Westminster Confession of Faith*, Crown and Covenant Publication, Pennsylvania, 2006; R. C. Sproul, *Truths We Confess Vol.1, 2, 3*, P and R Publishing, 2006/2007; Robert Letham, *The Westminster Assembly*, P and R Publishing, 2009; Chad Van Dixhoorn, *Confessing the Faith*, Banner of Truth, 2014; J. V. Fesko, *The Theology of the Westminster Standards*, Crossway, 2014; トム・ウィルキンソン『ウェストミンスター信仰告白註解〈上〉〈下〉』松谷好明訳、一麦出版社、二〇〇三年。

(35) 本論文で使用する翻訳は、村川満・袴田康裕訳『ウェストミンスター信仰告白』一麦出版社、二〇〇九年（以下、村川・袴田訳）である。この翻訳の信仰告白の底本はS. W. Carruthers ed., *The Confession of Faith of the Assembly of Divines at Westminster from the Original Manuscript written by Cornelius Burges in 1646*, Tercentenary Edition, Presbyterian Church of England, 1946. 引証聖句の底本はS. W. Carruthers, *The Westminster Confession of Faith, being an Account of the Preparation and Printing of its Seven Leading Editions, to which is appended a Critical Text of the Confession with Notes thereon*, Manchester: Aikman & Son, 1937である。

(36) Robert Shaw, pp.305-306.

(37) Wayne R. Spear, pp.126-7.

(38) ジャン・カルヴァン『キリスト教綱要　改訳版　第一篇・第二篇』渡辺信夫訳、新教出版社、二〇〇七年、四四二―四四三頁。
(39) 日本基督改革派教会大会出版委員会編『ウェストミンスター信仰基準』新教出版社、一九九四年。
(40) 松尾武訳『ウェストミンスター信仰告白』双恵学園出版部、一九五三年。
(41) 鈴木英昭訳『ウェストミンスター信仰基準』つのぶえ社、一九九七年。
(42) 堀内友四郎訳『ウェストミンスター信仰告白』基督教文庫(25)、長崎書店、一九四〇年。
(43) 山永武雄訳『信条集』後編、新教出版社、一九五七年。
(44) 松谷好明訳『ウェストミンスター信仰規準』(改訂版)、一麦出版社、二〇〇四年。
(45) 『ウェストミンスター礼拝指針』松谷好明訳、一麦出版社、二〇一一年、六九―七〇頁。
(46) Robert Shaw, pp.306-307.
(47) ジャン・カルヴァン『キリスト教綱要　改訳版　第一篇・第二篇』四四四頁。
(48) 主流の長老教会だけでなく、北米改革長老教会もその証言書の中で「私たちは、信仰告白四節の最後の文章を拒否します」と明言している。しかし、ウェイン・スピアが指摘するように、この点で長老教会諸教会の完全な意見の一致があるわけではない。ジョン・マーレーやG・I・ウィリアムソンは、信仰告白の立場が正しいと主張している(Wayne R. Spear, p.128)。
(49) この提案の建議者は吉岡繁、賛成者は田中剛二である。削除の理由として、(1)この告白はレビ記二〇章二一節の誤った解釈にもとづいていること、(2)南長老教会は一八八六年に、北長老教会は一八八七年に、合同長老教会は一九〇一年に夫々、この一文を削除していること、が挙げられている。投票結果は、反対なし、棄権一、賛成四四で、三分の二以上であった。
(50) Robert Shaw, p.309.

(51) ミルトンと長老派の離婚についての論争は、ウェストミンスター信仰告白が作成される以前であるから、信仰告白の文言そのものを巡って議論がなされたのではない。しかし、ミルトンが反対した主張が第六節に典型的に表れていると言える。
(52) Wayne R. Spear, pp.128-129, Robert Letham, pp.317-318, Chad Van Dixhoorn, pp.330-331.
(53) 以下の記述は、トム・ウィルキンソン、前掲書、一四三―一六三頁。信仰告白の注解書において第二四章の記述は分量が少ないものが多いが、ウィルキンソンのものはこの部分が特別に詳細に記されている。
(54) トム・ウィルキンソン、前掲書、一四四頁。
(55) 同書、一六一頁。
(56) 同書、一五二―一五三頁。
(57) 同書、一五五頁。
(58) 同書、一六二頁。
(59) ミルトンの標準的な伝記としては、新井明『ミルトン』(人と思想134)清水書院、二〇一六年がある。
(60) 『キリスト教人名辞典』日本基督教団出版局、一九八六年、一六二五頁。
(61) 新井明、前掲書、一五頁。
(62) 新井明『ミルトンの世界――叙事詩性の軌跡』研究社出版、一九八〇年、三〇一頁。
(63) 彼についての短い略歴は、松谷好明『ウェストミンスター神学者会議の成立』一麦出版社、一九九二年、四〇八―四〇九頁。
(64) これは、スティーヴン・マーシャル、エドマンド・カラミー、トマス・ヤング、マシュー・ニューコメン、ウィリアム・スパーストウの五人の頭文字を取ったもの。

(65) 新井明、前掲書、第一章「叙事詩性への開眼——教師トマス・ヤング」参照。
(66) 香内三郎『言論の自由の源流　ミルトン「アレオパジティカ」の周辺』平凡社選書、一九七六年、一五四頁。
(67) 新井明、前掲書、第四章「楽園脱出の原理」一〇二頁。
(68) メアリは三年後の一九四五年の夏頃、ミルトン家に戻り、その後、三人の娘、一人の息子の母となり、一六五二年五月に死去。
(69) 年表は主としてジョン・ミルトン『離婚の教理と規律』新井明・佐野弘子・田中浩訳、未來社、一九九八年に記されている巻末年表を参照。
(70) ミルトン『イングランド宗教改革論』原田純・新井明・田中浩訳、未來社、一九七六年。
(71) ジョン・ミルトン『教会統治の理由』新井明・田中浩訳、未來社、一九八六年。
(72) 翻訳されている『離婚の教理と規律』はこの第二版を底本にしている。
(73) ジョン・ミルトン『教育論』私市元宏・黒田健二郎訳、未來社、一九八四年。
(74) ジョン・ミルトン『離婚の自由について——マルティン・ブーサー氏の判断』新井明・松並綾子・田中浩訳、未來社、一九九二年。
(75) ミルトン『言論の自由——アレオパジティカ』上野精一・石田憲次・吉田新吾訳、岩波文庫、一九五三年。
(76) ミルトン『四絃琴——聖書と離婚論』辻裕子・渡辺昇訳、リーベル出版、一九九七年。
(77) ウィリアム・ベヴァリッジ『ウェストミンスター神学者会議の歴史』袴田康裕訳、一麦出版社、二〇〇五年、三七頁。
(78) 初版は匿名で出版。第二版には頭文字のみ記されていた。

(79) 香内三郎、前掲書、一五七頁。

(80) 新井明『ミルトン論考』中教出版社、一九七九年、三六―三七頁。長老派が激しく離婚論を非難したのは、ウェストミンスター神学者会議で、長老派と独立派が最も激しく対立していた時期と重なる。おそらく、長老派の批判が殊更鋭くなったことにはその背景があったものと思われる。

(81) それに伴い、長老派が主流であったウェストミンスター神学者会議の評価が変わり、「教会の規則や習慣によって選ばれたのではなく、その他の除外された人たちより敬虔や知識において優れていたわけでもない、一定の数の神学者たち」(ウィリアム・ベヴァリッジ、前掲書、三七頁)と非常に冷めた見方になっている。

(82) 新井明『ミルトン論考』三七頁。

(83) 新井明『ミルトン』七五―七六頁。新井明は、ミルトンがもともと筋金入りの長老主義者であったことに疑問を呈している。新井は『イングランド宗教改革論』を取り上げ、ミルトンが筋金入りの長老主義者ではなかった三つの理由を挙げている。①この本は主教制の廃止を訴えるが、長老制の弁護ではない。②コンスタンティヌス大帝への厳しい評価から、彼の議論には「教会と国家の分離の主張」がある。③理性尊重の態度が見られる(新井明『ミルトン論考』三八―四一頁)。

(84) 『離婚の教理と規律』五七頁。

(85) 同書、三四―三五頁。

(86) 同書、一六五―一六六頁。

(87) 同書、一七〇頁。

(88) 同書、四一頁。

(89) 同書、五四―五五頁。

(90) 同書、六〇頁。
(91) 同書、八三―八四頁。
(92) 同書、一八〇―一八一頁。
(93) 同書、三五頁。
(94) 同書、三六頁。
(95) 同書、一八四頁。
(96) 同書、三四頁。また同書、二〇一頁も参照。
(97) 『四絃琴』二九六頁。
(98) 『離婚の教理と規律』三七頁、『離婚の自由について――マーティン・ブーサー氏の判断』二三―二四頁。グロティウスは一六四一年に『福音書注解』を出版している。
(99) 『離婚の教理と規律』三七頁、『離婚の自由について』二四―二五頁。ファギウスは、ドイツ生まれの神学者で、一五四六年に『モーセ五書注解』を出版している。
(100) 『離婚の自由について』二五―二六頁。
(101) 同書、三九―四〇頁。
(102) 同書、九六頁。
(103) 松谷好明はこの削除について「結婚、離婚は教会的なものでなく、civil なものであるから『信仰箇条』になじまないという理由からである」と記している（前掲書、一〇三頁）。
(104) デイヴィッド・D・ホール『改革をめざすピューリタンたち――ニューイングランドにおけるピューリタニズムと公的生活の変貌』大西直樹訳、彩流社、二〇一二年、一八〇頁。
(105) 香内三郎、前掲書、一六七頁。

(106) 新井明『ミルトンの世界』一〇七頁。
(107) トム・ウィルキンソンの注解書は良き実例である。

主な参考文献

松谷好明『イングランド・ピューリタニズム研究』聖学院大学出版会、二〇〇七年。

村上みか「宗教改革期における結婚の問題」『宗教改革と現代』新教出版社、二〇一七年。

デンツィンガー・シェーンメッツァー『改訂版　カトリック教会文書資料集』エンデルレ書店、一九八八年。

マルティン・ルター『宗教改革三大文書』深井智朗訳、講談社学術文庫、二〇一七年。

『一致信条書』聖文舎、一九八二年。

大木英夫『ピューリタニズムの倫理思想』新教出版社、一九六六年。

James C. Spalding, *The Reformation of the Ecclesiastical Laws of England, 1552*, Sixteenth Century Journal Publishers, 1992.

Peter Hall edited, *The Harmony of Protestant Confessions*, from the 1842 edition, Still Water Revival Books, 1992.

The Confession of Faith and Catechisms, the Committee of Christian Education of the Orthodox Presbyterian Church, 2005.

The Westminster Confession of Faith, An Authentic Modern Version, Summertown Text, Third Edition, 1992.

David Dickson, *Truth's Victory over Error*, 1684; first Banner of Truth edition 2007.

A. A. Hodge, *The Confession of Faith*, Edinburgh, the Banner of Truth Trust, 1958; first published in 1869.

Robert Shaw, *An Exposition of the Confession of Faith*, Christian Focus Publications, 1992; first published in 1845.

Wayne R. Spear, *Faith of Our Fathers, A Commentary on the Westminster Confession of Faith*, Crown and Covenant Publication, Pennsylvania, 2006.

R. C. Sproul, *Truths We Confess Vol.1, 2, 3*, P and R Publishing, 2006/2007.

Robert Letham, *The Westminster Assembly, Reading Its Theology in Historical Context*, P and R Publishing, 2009.

Chad Van Dixhoorn, *Confessing the Faith, A reader's guide to the Westminster Confession of Faith*, Banner of Truth Trust, 2014.

J. V. Fesko, *The Theology of the Westminster Standards, Historical Context and Theological Insights*, Crossway, 2014.

トム・ウィルキンソン『ウェストミンスター信仰告白註解〈上〉〈下〉』松谷好明訳、一麦出版社、二〇〇三年。

『ウェストミンスター礼拝指針』松谷好明訳、一麦出版社、二〇一一年。

新井明『ミルトン』（人と思想134）清水書院、二〇一六年。

新井明『ミルトンの世界――叙事詩性の軌跡』研究社出版、一九八〇年。

新井明『ミルトン論考』中教出版社、一九七九年。

香内三郎『言論の自由の源流　ミルトン「アレオパジティカ」の周辺』平凡社選書、一九七六年。

ジョン・ミルトン『離婚の教理と規律』新井明・佐野弘子・田中浩訳、未來社、一九九八年。

ジョン・ミルトン『離婚の自由について――マルティン・ブーサー氏の判断』新井明・松並綾子・田中浩訳、未來社、一九九二年。

ミルトン『四絃琴――聖書と離婚論』辻裕子・渡辺昇訳、リーベル出版、一九九七年。

ミルトン『言論の自由――アレオパジティカ』上野精一・石田憲次・吉田新吾訳、岩波文庫、一九五三年。

ウェストミンスター信仰告白における合法的戦争

はじめに——ロシアのウクライナ侵攻を受けて

二〇二二年の二月二四日に、ロシアがウクライナに侵攻し、世界に衝撃を与えました。一九二八年のパリ不戦条約によって、国際紛争の解決の手段として、それまで「合法」とされてきた「戦争」は違法とされました。国際紛争を解決する手段として戦争や武力の行使に訴えることは禁止されました。国際社会は、曲がりなりにもそのパラダイムで生きてきたわけです。しかし、今回のロシアのウクライナ侵攻は、その国際社会の秩序への挑戦だと言えます。国連事務総長が「国際秩序への過去最大の挑戦」と述べている通りです。

それゆえロシアの行為は、あらゆる意味で正当化することはできません。国際法違反のロシアは非難されてしかるべきです。その前提の上で、今回のロシアのウクライナ侵攻から思うことを列挙してみたいと思います。

第一は、戦争は人間存在をすべての次元で巻き込んでいくことです。戦争は、平穏な日常生活を根こそぎ奪っていきます。個々人は否応なく戦争に巻き込まれ、あるいは動員されていきます。人間は戦争をめぐって分断されていきます。国籍や民族によって、敵味方の分断が強いられていきます。

第二に、国家が個人に対して圧倒的な力を発揮することです。国家の目的に個人は隷属させられます。それは戦争をしかけたロシアだけのことではありません。ウクライナでも総動員令が発令され、一八歳から六〇歳までの男子は出国が禁じられています。そこに自由はありません。戦争によって人権は制限されています。

第三に、戦争は平時には抑圧されていた人間のおぞましい本性を引き出すことです。数々の戦争犯罪が報じられています。市民に対する略奪、暴力、拷問、レイプ、殺戮がなされています。人間の罪がどれほどおぞましく、人間はどれほど酷いことができるのかが、戦争によって明らかにされています。

第四に、戦争において国家は、自らを正当化する物語を発信し続けることです。国家は異なる物語の存在を許すことができません。個人を国家の目的に隷属させるには、それを正当化する物語が必ず必要です。それを受け入れることを人々に強いていきます。それゆえ、報道の自由も、表現の自由も、学問の自由も抑圧されていきます。

第五に、戦争が起こると、今現に起きている戦争を前提にした議論に集約され、客観的に全体を根本から問うような議論は困難になります。「戦争とは何なのか」「これほどの文明社会でなぜ戦争が起こるのか」「正しい戦争とは何か」「合法的戦争はあり得るのか」というような客観的な議論は困難になります。

以上、五つの点を挙げましたが、これらはすべて神学的なテーマであると言えます。「個人の尊厳とは何か」「国家とは何か」「人間の罪とは何か」「国家の権能とは何か」「国家による人間支配の限界とは何か」等々です。これらは神学的なテーマです。歴史上の教会が、聖書から学び続けてきたテーマです。

しかし、実際に戦争が起こると、そうした議論が難しくなるのです。国家が圧倒的な力で、個人も教会も巻き込んでいくからです。それゆえ、戦争が起こってから議論しているのでは間に合いませんし、もはや十分な議論はできません。平時に議論し、自分たちの立ち位置を確認しておく必要があります。「国家とは何か」「国家と教会との関係とは何か」「戦争とは何か」です。それを教会のコンセンサスとして言葉化しておく。それが、今、求められていることなのだと思います。

現在作成中の「平和の宣言」はその意味で大変重要なのだと思います。(1) そして、私たち日本キリスト改革派教会は、ウェストミンスター信仰規準を教会の信仰規準としている教会です。とすれば、この戦争の問題についても、信仰規準がなんと言っているかをまず学ぶ必要があります。ご存じのように、ウェストミンスター信仰告白第二三章二節には、「新約の下にある今日も、公正で、やむを得ない場合に、戦争を行うことは、合法的で、ゆるされる」と記されています。これをどう解釈するかの問題です。

二〇一九年一〇月の大会に私は「ウェストミンスター信仰告白第二三章にある『合法的戦争』の解釈について」というレポートを提出しました。この講演では、このレポートの解説を中心に話させていただきたいと思います。

1　ウェストミンスター信仰告白第二三章の内容

「合法的戦争」が述べられる第二節を解説する前に、第二三章「国家的為政者について」の全体像を簡単に見ておきます。

〈第一節〉

「全世界の至上の主であり王である神は、御自身の栄光と公共の益のために、御自身の下にあって、民の上に立つものとして、国家的為政者を定められた。そしてこの目的のために、剣の権能を身につけさせて、善き者たちを守り励まし、悪を行う者たちを罰するようにさせておられる」。

第一節には三つのポイントがあります。

①国家的為政者または国家的統治は、神の制定であること。

②国家的為政者または国家的統治は、神の栄光と公共の益のために定められていること。

③剣の権能は、この目的のために国家的為政者に与えられていること。

第一節のこれらのポイントは、改革派諸信条に共通の理解であると同時に、ルター派やワルドー派にも共通している宗教改革陣営の共通理解と言えます。

国家的統治の目的は、公共の益の促進です。すなわち、人間が幸福に生活するために欠くことのできない平和と秩序の保持のために、政府は立てられています。そして、そのような平和と秩序の維持、正義の実現のために、国家には「剣の権能」が与えられているのです。

〈二節〉

「キリスト者は為政者の職務に召されるとき、それを受け入れて果たすことが合法的である。その職務の執行に当たって、彼らはそれぞれの国の健全な法律に従いつつ、特に敬虔と正義と平和を維持するようにすべきである。同様に、その目的のために、彼らは新約の下にある今日も、公正で、やむをえない場合に、戦争を行うことは、合法的で、ゆるされる」。

第二節のポイントは次の三つです。

①キリスト者は合法的に為政者の職務を受け入れることができること。

②キリスト者の為政者は敬虔と正義と平和を維持するようにすべきであること。

③為政者は公正でやむを得ない場合には、合法的に戦争を行うことができること。

この節も第一節同様、宗教改革の共通理解の告白と言えます。キリスト者が為政者の職務を行うことを否定する再洗礼派と、合法的な戦争を否定するクエーカー、再洗礼派、ソッツィーニ主義者を意識しています。

〈第三節〉

「国家的為政者は、御言葉と礼典の務めや、また天国の鍵の権能を自らのものとして取ってはならない。とはいえ、国家的為政者は権威を持っており、教会の中に一致と平和が保持され、神の真理が純粋かつ完全に保たれ、すべての冒瀆と異端が抑えられ、礼拝と規律におけるすべての腐敗と悪弊が予防されまた改革され、神の規定がすべて適切に定められ、執行され、遵守されるように、整えることがその義務である。それをよりよく達成するために、国家的為政者は教会会議を招集し、それに出席し、そこで取り扱われることがすべて神の御心に従ったものになるように注意を払う権能をもっている」。

第三節には二つのポイントがあります。

①国家的為政者は、真の宗教を促進する義務があること。

②国家的為政者の宗教や教会に対する権能には限界があること。

そしてこの節は、一七八八年に合衆国長老教会が改定し、改革派教会も第四回大会で改定版を受け入れています。

〈第二三章第三節　合衆国長老教会一七八八年改定版〉

「国家的為政者は御言葉と礼典の務めや、また天国の鍵の権能を自らのものとして取ってはならない。また信仰上の事柄に少しでも干渉してはならない。とはいえ、養父として、われわれの共通の主の教会を保護することが国家的為政者の義務であって、その際彼らはキリスト者のどの教派をも他の教派よりも優遇せず、およそすべての教会の人々が、暴力や危険なしに、それぞれの聖なる役割を果たすことができる十分な、独立した、そして疑問の余地のない自由をもつことのできるようにしなければならない。そしてイエス・キリストは御自分の教会に正規の政治と規律を定めておられるので、どの国のどんな法も、キリスト者のどの教派であれ、その自発的会員が自分自身の告白と信仰に従って教会の政治と規律を正当な仕方で行使するときに、それに、干渉したり、邪魔したり、妨害したりすべきではない。何ぴとも宗教または無信仰を口実にして他の誰にも、いかなる侮蔑、暴力、虐待、傷害を加えることを許さないように、効果的方法で、すべての国民の人身と名声を保護すること、そして、すべての宗教的、教会的集会が邪魔や妨害なしに開催されるように適宜な手段をとることが、国家的為政者の義務である」。

第三節は「教会の霊的自律」を教える非常に重要な箇所です。今日は詳しく話すことはできませんが、国教会主義を採っていた改定前のものでも、「国家的為政者は、御言葉と礼典の務めや、また天国の鍵の権能を自らのものとして取ってはならない」と明記していることに注目してください。御言葉と聖礼典の執行という、礼拝儀式、説教、御言葉の教育を、国家的為政者または国家権力が自らのものとして執行することはできません。また、「天国の鍵の権能」という、教会譴責に関連する法的権利を、為政者は自らのものとすることはできません。

信仰告白は、国家的為政者に宗教に対する権能を認めていますが、同時に明確な限界を定めています。教会の頭はイエス・キリストであり、そのイエス・キリストから教会に委ねられた独立した権能があるからです。その部分には国家的為政者は立ち入ることはできません。これが霊的自律、信仰上の独立（spiritual independence）です。ウェストミンスター信仰告白は教会の信仰上の独立を明らかにしています。これが「教会と国家」の関係を考える基軸であり、教会の戦いの基礎を据えるものです。

〈第四節〉

「為政者のために祈り、彼らの人格を尊び、彼らに税とその他の納めるべきものを納め、その合法的命令に従い、その権威に服すること（すべて良心に従ってである）は、国民の義務である。不信仰や宗教上の違いは、為政者の公正で法的な権威を無効にはせず、また彼らに対する当然の服従から国民を解き放つこともない。聖職者もこの服従を免除されないし、まして教皇は為政者たちの領土において、彼らに対しても、また彼らの国民の誰に対しても何の権能も司法権も持っていない。とりわけ、教皇が彼らを異端者と判定しても、また他にどんな口実を設けても、彼らからその領土や生命を奪う権力も裁治権も有していないのである」。

第四節には、三つのポイントがあります。

①国民は神によって立てられた制度としての国家的為政者および国家権力に服従の義務があること。

②為政者の不信仰や宗教上の違いによって服従義務が解かれることはないこと。

③教会人（聖職者）といえども、この義務から除外されないこと。

信仰告白は、単に国家的為政者や国家権力を黙認するというのではなく、積極的に服従することを命じています。国家的為政者は公共の益のために立てられた神の制度であり、それゆえキリスト者は神に対する責任として服従する義務があるのです。

2　第二節「合法的戦争」を理解するための六つの視点

次に第二節の「合法的戦争」の部分をレポートに沿って、細かく検討していきたいと思います。レポートでは、第二節についてこう記しています。

第二節は、為政者のつとめとして三つのことをあげている。第一は、国民の敬虔の促進に努めることである。改革派の宗教改革者たちは、いずれも国教会制度を考えており、その中で為政者が真の宗教の促進のための役割を果たすことを義務だと考えていた。

第二は正義の維持である。社会正義の実現は、公共の益の主要なもので、それゆえ二三章一節では「この目的のために、剣の権能を身につけさせて、善き者たちを守り励まし、悪を行う者たちを罰するようにさせておられる」と記している。

第三は平和の維持である。そして二節はこの「敬虔と正義と平和を維持する」という目的のために、為政者は「新約の下にある今日も、公正で、やむをえない場合に、戦争を行うことは、合法的で、許される」と述べているのである。

ウェストミンスター信仰告白第二三章第二節を根拠として、ウェストミンスター信仰告白は「合法的戦争」を認める立場だと言われる。それはその通りであるが、そのことと、現代世界の戦争を正当化できるかどうかは別の問題である。なぜなら、信条文書は歴史的文書であり、当然ながら、文法的歴史的に正しく釈義しなければ、今日的な意味を汲みだすことはできないからである。正しい釈義によって「書かれたその時代における意味」を浮き彫りにできて初めて、「異なる時代・異なる状況における意味」を、今日的メッセージとして導き出すことができる。

しかし現実には、しばしば乱暴な議論がなされる。ウェストミンスター信条は戦争を認める立場と単純に言われ、このような規定があるからアメリカが「正義の戦争」などと言って好戦的になるのだ、と言われる場合さえある。しかしそれは、信条解釈のルールを無視した誤解・濫用としか言いようがない。

その上で、「ウェストミンスター信仰告白第二三章第二節にある『合法的戦争』の記述を正しく理解するためには、少なくとも次の六つの点を踏まえる必要がある」としています。以下でこの六点を検討していきたいと思います。

(1)他の信条に見られる「正義の戦争」の理解

第一に、この節は、ルター派も含めた宗教改革陣営の共通理解であって、決してウェストミンスター信条に特異なものではないことである。ルター派のアウグスブルク信仰告白第一六条、改革派の第二スイス信仰告白第三〇章、アイルランド箇条第六二条、イングランド教会の三十九箇条の第三七条などに、正義の戦争もしくはキリスト者が武器を取ることの合法性が記されている。

「聖なる戦争」「正しい戦争」に対する批判において、すぐにウェストミンスター信仰告白が批判のやり玉に挙げられる傾向があります。それは公平な批判と言えるのでしょうか。ウェストミンスター信仰告白は決して、「聖戦」とか「正しい戦争」という言葉を使っていません。控え目に「新約の下にある今日も、公正で、やむをえない場合に、戦争を行うことは、合法的で、ゆるされる」と記しているのみです。それでも、合法的な戦争がありうると記しているのが、ウェストミンスター信仰告白だけなら、批判のやり玉となるのもやむを得ないでしょう。しかし、そうではありません。宗教改革時代の多くの信条は、それを主張しています。具体例を挙げます。

例えば、ルター派の代表的な信条であるアウグスブルク信仰告白第一六条「国の秩序とこの世の支配について」にはこうあります。

「国の秩序とこの世の支配については、次のように教える。すなわち、この世におけるすべての権威と定められている支配と法律とは、神によって作られ、設定されたよい秩序である。またキリスト者は、政府、諸侯、裁判官の地位に罪を犯すことなく就くことができ、帝国法やその他の法に従って、判断や判決を下し、悪人を剣によって罰し、正しい戦争を行い、戦い、売買し、求められる宣誓をし、財産を持ち、結婚するなどのことをしてよい。ここにおいて、前述のことはいずれもキリスト教的でないと教える再洗礼派を異端と宣告する」(フィリップ・メランヒトン『アウグスブルク信仰告白』ルター研究所訳、リトン、二〇一五年、三三頁)。

次に改革派の代表的な信条の一つ、第二スイス信仰告白は第三〇章「公権力について」の中で、「戦争」について次のように述べています。

「戦争によって人民の安全を保護することが必要となった時には、戦争をするのであるが、まずすべての手段を尽くして平和を求め、戦争によるほか彼らを守り得ない時にのみ戦うのである。公権力がこのことを信仰をもってなすならば、まことに善であるこの業そのものによって神の意に従い、主から祝福を受けるのである。キリスト者は公権力の任務を執行し得ないとし、何人も公権力によって正しく死刑に処せられてはならぬとし、公権力は戦争をおこしえずとし、あるいは公権力に対し誓いを立てることを否定する再洗礼派をわれわれは断罪する」（『改革教会信仰告白集』教文館、二〇一四年、三九九頁）。

アイルランド箇条（一六一五年）第六二条はこうです。

「キリスト者が、陛下の命令によって、武器を取って正義の戦争に従事するのは、正しいことである」（『改革派教会信仰告白集Ⅳ』八五頁）。

またイングランドの三十九箇条（一五六三年）の第三七条はこうです。

「キリスト者は官憲の命令によって、武器をとり、正しい戦争に従事することが許されている」（『改革派教会信仰告白集Ⅱ』六四二頁）。

いずれの信条にも「正しい戦争」「正義の戦争」などの表現が見られます。三十九箇条とアイルランド箇条は、ウェストミンスター信仰告白に直接的な影響がありますが、それと比較すれば、ウェストミンスター信仰告白の表現が穏健なのは明らかです。

⑵再洗礼派を批判する意図

第二に、この規定は、特に再洗礼派を批判する意図で書かれていることである。再洗礼派は、キリスト者が為政者になることも、武器を使用する戦争の合法性も否定していた。しかしそうした主張は、少なくとも当時の社会情勢においては、社会の根本的秩序の破壊以外の何物でもなかったと言わなければならない。再洗礼派の理解に立てば、宗教改革はカトリック陣営の武力によって押しつぶされ、

歴史に生き残ることはできなかったことは間違いない。この規定は何より、秩序破壊的な再洗礼派を意識している部分なのである。

先ほど、「正しい戦争」を記すいくつかの信条を紹介しましたが、実は、これらはいずれも「再洗礼派」を批判する意図を持っています。アウグスブルク信仰告白と第二スイス信仰告白はそれを明記していました。

信条文書は、単に聖書の教えを論理的に整理して叙述するだけでなく、歴史的文書として、必ず、異なる立場を論駁する性質を持っています。ウェストミンスター信仰告白の最も古い注解書は、一六八四年に出版されたデイヴィッド・ディクソンのものですが（David Dickson, *Truth's Victory over Error*, 1684; first Banner of Truth edition 2007）、それは、信仰告白の論敵を明らかにしつつ解説しているものです。そしてこの「合法的戦争」の部分で論敵として挙げられているのは、クエーカー、アナバプテスト、ソッツィーニ主義者ですが、主として意識されているのは明らかにアナバプテスト、再洗礼派です。

再洗礼派は多様ですので、あまり単純化して論じることはできませんが、ここでは南ドイツ系・スイス系再洗礼派の代表的な文献である「シュライトハイム信仰告白」を紹介しておきます。再洗礼派の中には、強烈な再臨信仰に立つ非常に過激な立場がありました。それに対してスイス系の再洗礼派は、もともとツヴィングリの宗教改革の線に沿い、その不徹底と思える部分を徹底しようとした人たちでした。彼らは、聖書の本文に密着し、歴史に定位しながら、教会の刷新と改革を意図しました。

その彼らからすれば、過激な再洗礼派の主張は危険なものでした。そこで彼らは、一五二七年に、ドイツ国境近くのスイスの一山村、シュライトハイムに集まって、「偽兄弟」たちに対する「兄弟の一致」を七箇条にまとめました。これがスイス系再洗礼派の共同の規準となります。後に、ツヴィングリ（「再洗礼派の奸計を駁す」）やカルヴァン（「再洗礼派の誤謬に対し、すべての正しい信仰を守るための手引き」）も、これに反論する文章を書いています。その意味でも、再洗礼主義の最も重要な文献と言えます。

このシュライトハイム信仰告白は七項目からなりますが、中心思想は「教会という新しい共同体がこの世とかかわりを持たないで生きる」ということです。そして第六項が「剣について」ですが、そこにはこう記されています。

「最後に、為政者となることは、為政当局者の務めは肉に従ったものであるのに、キリスト者の務めは霊に従っているかぎりは、キリスト者にはふさわしくない、ということに留意しなければならない。彼らの家、その住まいはこの世にあるが、キリスト者のそれは天にある。彼らの国籍はこの世にあるが、キリスト者のそれは天にある。彼らの抗争と戦いの武具は肉的で、ただ肉に対するのみであるが、キリスト者の武具は霊的であって、悪魔の堡塁に対抗するものである。世俗の人間は刺と鉄〔の刃〕を紋章とするが、キリスト者の紋章は神の甲冑、真理、義、平和、信仰、救い、そして神の言葉である〔エフェソ六・一四―一七〕」（『宗教改革著作集8』教文館、一九九二年、九四頁）。

シュライトハイム信仰告白は、世俗権力から独立した教会共同体を目指し、教会自身による教会訓練を主張します。そしてこの世と教会の強い二元論的性格を持ちます。ですから、為政者となることも、為政者の行う戦争に加担することも禁じます。

このような再洗礼派の教会理解は、今日であれば、さほど問題になることはありませんが、あの宗教改革の時代においては、社会の根本秩序を破壊する危険思想とならざるを得ませんでした。宗教改革陣営は、強力な軍事力を持つローマ・カトリック陣営によって常に脅かされていました。それゆえ宗教改革陣営の内部が分裂していれば、およそローマ・カトリック陣営に対抗することは不可能でした。あの状況で、宗教改革がつぶされないためには、世俗の公権力によって公認される宗教改革である必要があったのです。

ツヴィングリが最終的に、再洗礼派に対する弾圧に踏み切ったのも、その理由によります。宗教改革者たちは、いずれも、国教会主義を前提とした宗教改革を考えていたのです。

それゆえ、宗教改革諸信条には、再洗礼派に対する厳しい批判がなされています。この第二三章第二節の背後には、このような再洗礼派批判がベースにあることを忘れてはなりません。再洗礼派に対する批判の中で、「合法的戦争」があり得ると主張されているのです。

(3)ウェストミンスター信仰告白が書かれた時代背景

第三に、ウェストミンスター神学者会議が開かれていた時代背景である。一七世紀前半は、ヨーロッパ大陸では三〇年戦争が行われていた。またウェストミンスター神学者会議が開かれていた時代のイングランドは、内戦の最中であった。というより、神学者会議は内戦の一方の当事者である議会の諮問機関として成立したものであるから、神学者会議は戦争と共にあった会議と言っても言い過ぎで

はない。その歴史的背景から考えるならば、この「公正で、やむをえない場合に、戦争を行うことは、合法的で、許される」という表現は、かなり抑制のきいた穏健な表現だと言える。

第三は、ウェストミンスター信仰告白が書かれた時代背景です。これも第二節を理解する上で重要です。ヨーロッパ大陸では、一六一八年から一六四八年まで、三〇年戦争が行われました。これは、歴史上最も破壊的な紛争の一つと言われています。当初は神聖ローマ帝国内のプロテスタントとカトリックの戦争でしたが、次第に大国を巻き込んだヨーロッパ全体の戦争へと発展していきました。諸外国の介入は宗教的動機だけでなく、政治的思惑によるものでした。そして長年の戦乱により、ドイツの人口の約二割が亡くなったと言われます。死者は八〇〇万人以上とも言われます。人々は戦争のための課税に苦しみ、物資が暴力的に徴発され、傭兵による略奪も横行しました。一七世紀前半のヨーロッパ大陸はまさに戦争の時代であったのです。

では、イングランドはどうだったのでしょうか。一六二五年に即位したチャールズ一世は、専制政治を行いました。ピューリタンを厳しく弾圧しました。国民の間には次第に怒りが蓄積されていきました。一六四〇年に開会された長期議会は、チャールズ一世のもとで政治的専制を敷いたストラフォードと、宗教的専制を敷いたウィリアム・ロードに対する批判に集中していきます。一六四一年一一月に、庶民院は激烈な討論の後「大抗議文」〔the Grand Remonstrance〕を採択しました。この中には、教会改革の必要性と、そのために学識豊かで思慮分別のある神学者によるシノッド開催という考えが明記されています。チャールズ王はこの「大抗議文」を拒否し、主教制を維持することを宣言しました。そして次第に、議会と王との緊張が高まっていきます。一六四二年一月には、チャールズはロンドンを去り、まもなくヨークに逃れます。議会は二月に貴族院が主教排斥法を通過させました。

もはや王と議会との内戦は不可避になっていきます。両者ともに戦争の準備をしました。一六四二年七月一二日に、両院は王国と議会を守るために軍隊の召集を決議し、エセックス伯が司令官に任命されました。これに対して王は八月九日に、エセックス伯とその支持者を裏切り者と呼び、議会両院を大逆罪として非難します。議会は逆に、王の軍隊に加わるすべての者を、議会と王国に対する裏切り者と宣言します。

こうして遂に、一六四二年八月二二日に、王はノッティンガムに彼の兵を集結し、本格的な内戦が始まったのです。一六四三年七月一日に開催されたウェストミンスター神学者会議は、この内戦の下にあった議会によって、その諮問機関として成立したものです。戦争と共にあった会議と言っても言い過ぎではありません。戦況が会議の動向にも影響を与えました。議会軍の状況が厳しい時には、議事を休んで「断食祈禱日」が守られることがありました。内戦に勝利しなければ、神学者会議に参加していた者たちの命さえ危ういという状況でした。まさに「戦時に開かれた会議」だったのです。

ヨーロッパ大陸にしろ、イングランドにしろ、一七世紀前半はまさに戦争の時代でした。その状況を考えれば、信仰告白の「公正で、やむをえない場合に、戦争を行うことは、合法的で、許される」という表現は、むしろ驚く程、抑制のきいた穏健な表現と言えるでしょう。これは、宗教改革諸信条の基本理解を表現しているに過ぎないのです。

⑷古代以来の「正義の戦争」の理解

第四に、この「合法的な戦争」の記述は、基本的に、古代以来の「正義の戦争」の概念の継承に過ぎないということである。キリスト教的正戦論の元祖は、ミラノの司教アンブロシウスと言われる。そしてアウグスティヌスによって展開された。彼の正しい戦争の要点は、①正しい目的（領土拡大や財産の略奪などは正当化されない）、②合法的な権力による実行、③正しい意図（善を助長し悪を避ける）の三つである。そしてアウグスティヌスの議論を踏まえて正戦論を整理し、現代にいたる議論の原型を作ったのがトマス・アクィナスである（『神学大全』第二部第二第四〇問題）。このように、正しい戦争とそうでない戦争を論理的に識別し、道徳上の評価を下すことが、西欧思想伝統における正戦論の仕事であった。こうした研究の蓄積があり、それを継承した今日の正戦論もある。たとえば、政治哲学者のマイケル・ウォルツァーが『戦争を論じる——正戦のモラル・リアリティ』（風光社、二〇〇八年）という本を出版している。この本について東京大学の苅部直教授が書評の中でこう述べている。「平和主義の理想論は、みずからの手を汚すことを避ける結果、暴力の横行を容認してしまう。そのように逃げることなく、人類の悲劇を防がねばならない、ぎりぎりの場面では、必要悪としての軍事力を用いる。罪の意識と葛藤に耐えながらそれを選択する強靭な倫理を、この本は政治家と市民とに、きびしく求めるのである」（朝日新聞、二〇〇八年七月六日朝刊）。確かに「正戦」という言葉は、政治家によって悪用され続けてきた。しかし本来、正戦論というのは、真の平和を構築するためのものであり、強靭な倫理観の上に構築されるものなのである。そうした歴史的議論の線上に、ウェストミンスター信条の規定もあると言える。

①アウグスティヌスの正戦論

荻野弘之「キリスト教の正戦論――アウグスティヌスの聖書解釈と自然法」（山内進編『「正しい戦争」という思想』勁草書房、二〇〇六年）により、アウグスティヌスの正戦論を紹介してみます。

戦争と平和について、古代教父には二つの伝統があります。一つは平和主義の伝統です。初代教会は戦争を公式に否定し、コンスタンティヌス大帝の即位（三〇六年）以前、正戦論が語られることはありませんでした。初代教会は戦争を公式に否定し、初期の教父、テルトゥリアヌス、オリゲネス、ラクタンティウスらは、いずれもキリスト教徒が軍務につくことに反対しました。

これに対して、もう一つの伝統を打ち立てたのが、ミラノの司教アンブロシウス（三三九頃―三九七頃）です。彼は、キリスト者が軍務につくことを信仰の障害とは考えませんでした。「友を危害から守ってやらないことは、仮に守れる力があるのにそうしないとすれば、危害を加える者と同じ過ちを犯すことになる」（『聖職者の職務』）と彼は語りました。こうして無辜の民を守る根拠として戦争を正当化する論理が生まれたと言えます。後に、トマス・アクィナスが繰り返してアウグスティヌスを引用して「正戦論」を展開したため、彼が「正戦論の創始者」と見なされますが、実際はアンブロシウスだと言えます。

では、アウグスティヌスはどうなのでしょうか。彼については評価が分かれています。プロテスタント正戦論の代表者ともいえるポール・ラムゼイは「アウグスティヌスこそ戦争が正しいものである可能性を理論化した最初の思想家」だと述べます。一方、ラインホールド・ニーバーは、そのような見解を不適切で誤解に満ちたものだと退けています。

アウグスティヌスには戦争に関する体系的な著述がありません。荻野は、デヴィット・レニハンに従って、正戦論に関する著作として以下の八つを挙げています。

①『自由意志論』一・五
②『マニ教ファウストス論駁』二二
③『マルケリヌス宛書簡一三八』
④『ボニファティウス宛書簡一八九』
⑤『ダリウス宛書簡二二九』
⑥『説教』三〇二
⑦『神の国』
⑧『モーセ七書問題集』六・一〇

そして、アウグスティヌスの戦争観を知る上で一番重要なのは『神の国』だと言います。

アウグスティヌスは、国家の人為的な性格を強調しつつ、世俗国家が人間にとって必要不可欠なものと考えます。彼は人間社会における秩序を強調します。秩序は平和にとって、欠くべからざるものだからです。それゆえ彼は、パウロに従って政治的な権威を承認します。また君主への服従を勧めます。その政治権力によって保たれる平和、そしてそのための戦争をも容認するのです。彼は言います。「地上の善がいかに低次なものであろうと、その目指すものは平和である。戦争ですら、その目指すところは平和なのだ」(『神の国』一五・四)。

アウグスティヌスにとって「戦争」として念頭にあったのは、ローマ市民同士の衝突であり、また帝国内の秩序を維持するための警察行為でした。基本的に、国内の治安維持活動に限定されていました。また彼は、ある行為が正しいか否かは、行為者の本当の動機に左右されると考えます。彼は言います。

「戦争における本当の悪とは、暴力の嗜好、残酷なまでの復讐欲、宥和しえぬ精神、野蛮な反抗、支配の欲求などである。そしてこれらを罰するために、また刑罰を課すべく（暴）力が求められる場合、神または合法的な権威に従って、善い人々もまた戦争を起こすのである」（『マニ教ファウスト論駁』二二・七四）。

彼の膨大な著作の中に戦争賛美の痕跡はないそうです。そして彼の倫理は「愛を中核とした倫理」でした。自分自身の行為の「動機」として、「愛」を確証することが可能なのかを問うのです。

こうしたアウグスティヌスの正戦論は、十字軍以降の後期中世の軍国主義精神の源泉ではなく、むしろ、それ以前の平和主義の伝統につながるのではないかと考える学者たちもいます。彼の正戦論の基底には、暴力に直面している社会、また人間存在を冷静に見つめる眼差しがあると言えます。

ロバート・ホームズ（Robert Holmes）は、アウグスティヌスの戦争の正当化を、次の三種類に図式化して整理しています（同書、一三九―一四〇頁）。

1　神ご自身が命じている場合、戦争は常に正しい。だが、

2　神ご自身が命じていなくとも、

A　合法的な権威によって、正当な理由があって、正しい意図と、正しい愛とがあれば、その

戦争は正しいといえる。他方合法的な権威と、正当な理由だけでは、それは一時的な正しさしかもちえない。

B

②トマス・アクィナスの正戦論

アウグスティヌスの議論を踏まえて正戦論を整理し、現代にいたる議論の原型を作ったのがトマス・アクィナスと言われています。『神学大全』第二部第二第四〇問題「戦争について」で、彼は「ある戦争は許されうるか」と問い、「ある戦争が正しいものであるためには、三つのことが必要になる」と述べています。その三つとは、次の通りです。「第一は、そのひとの命令によって戦争が遂行されるところの、君主の権威がそれである。というのも、戦争を引き起こすことは、私人に属する仕事ではないからである」。「第二には、正当な原因が必要とされる。例えば、攻撃されている人達が、何らかの罪のために攻撃を受けるに値するような場合である」。「第三に、戦争する人達の意図が正しいことが要求される。すなわち、善を助長するとか、悪を避けるとかということが意図されていなくてはならない」(『神学大全一七(第Ⅱ—2部)』創文社、一九九七年、八〇—八一頁)。

ここから、正戦である要件は、①正当な権威、②正当な原因、③正当な意図の三つがすべて必要とされました。山内進は次のように述べています。「この三つの原因は抽象的に語ることができ、とくに神の意思と関係付ける必要はない。この点で、アクィナスの正当戦争論は後世に多大な影響を与えた。現代の正戦論者ですらその議論を展開する際には基本的にこのアクィナスの区分に従っている」(山内進編『「正しい戦争」という思想』勁草書房、二〇〇六年、二二頁)。

こうしてトマス・アクィナスが現代にいたる正戦論の原型を作ったとして、批判的に語られることがあります。しかし、本当にそうなのでしょうか。アクィナスが、現代に通じる戦争を正しいとする思想を作り出した張本人だと言えるのでしょうか。アクィナスの研究者である沢田和夫は、アクィナスの所説は甚だしく誤解されていると論じています（以下、沢田和夫『トマス・アクィナス研究』第七章「トマス・アクィナスの正戦論と近世自然法の伝統」南窓社、一九六九年を参照）。

確かにアクィナスは、戦争が正当化されうる要件を三つ挙げました。第一は「君主の権威」です。しかしこれが意味するのは、単に正当な権威者でなければ戦争を起こせないということではありません。これの真意は、「私人が自己の権利を追求するために戦争を起こすことはゆるされない」ということです。「公共生活を護るために公権の保持者が剣をとる場合に限るとされている」ということです。私利私欲のために戦争を起こすことは許されないということです。権威者であるということよりも、「公共生活を護るため」にむしろ力点があります（同書、一三四頁）。

沢田は、アクィナスの意図について次のように論じています。「自衛権を論じる場合、『何に対して』『何を』『いかに』守るのかを考える必要がある。その点に関する第四〇問四項の最後を人は見逃しがちのようである。『多くの人の殺害を防ぎ、数限りない経済的ならびに精神的な悪を防止するという公共生活の安泰』と、さらにつきつめては『神なる精神的善』につながるものでなくてキリスト信者にとって戦争は正当化されないということである」（同書、一三四頁）。

第二の要件は「正当な原因」です。「攻撃を受ける人々が何らかの罪科のゆえに、攻撃を受けるに値する人々でなくてはならない」という可罰性が前提です。アクィナスはアウグスティヌスの「正しい戦争とは不正を罰するところのものと定義されるのが普通である」という言葉をここで引用しています。

第三の要件は「正当な意図」です。公共生活を護るためという理由と、攻撃を受ける人にはそれを受けるに値するものがあったとしても、しかし、戦う人たちの意図・志向が歪んでいるときには戦いは許されません。アクィナスはアウグスティヌスを引用して次のように述べています。

「このゆえに、アウグスティヌスは、『主の御言葉について』のなかで、『真に神を崇拝する者達の許では、戦争さえも平和的であって、欲望や残酷さによらず、悪を抑え、善を支えるように、熱心に平和を求めて遂行される』といっている。他面、たとえ戦争を宣する合法的な権威が存し、かつ、正しい原因が存しても、なお、歪んだ意図のために戦争が非合法的なものになることもありうるのであって、すなわち、アウグスティヌスも、『ファウスト駁論』のなかで、『ひとに害を与えようと望むこと、復讐しようという残酷さ、宥和しない、宥和不可能な精神、暴動を起こす野蛮さ、支配しようという欲求、およびこれに類したことがらがあるならば、それらは、戦争の中でも正当に罪となるところのものである。』と述べている」（『神学大全』八一頁）。

沢田は、テキストに密着して、トマスの思想を以上のように捉えます。そして結論として次のように論じています。「トマスが正戦論を称えたと普通に伝えられているし、それは事実であるが、トマスは私益のための戦争を正当化しえないものとみなし、罪のない多数者の殺害を犯罪とみるばかりではない。多くの人々の殺害、数限りない経済的ならびに精神的な悪を伴うような戦争を、「たとえ自衛のためであっても、」正当視する思想とトマスとはおよそ縁がないということが知られてくるのである」（沢田、一三五頁）。

アウグスティヌスもトマス・アクィナスも、安易な理想論ではなく、人間の罪の現実を厳しく見据えた上で、強靭な平和の倫理思想を打ち立てようとしていたと言えます。それが本来の「正戦論」だと言えます。宗教改革者たち、またウェストミンスター信仰告白の「正戦理解」は、基本的にこの倫理思想の延長線上にあると言えるのです。

③その後、現在までの正戦論

その後のことに少しだけ触れておきます。正戦論に大きな転機をもたらしたのは、一八世紀の国際法学者エメリッヒ・ヴァッテルと言われます。彼は主権国家の平等性を基軸にした議論を展開しました。そして、「主権国家平等の理論は、交戦の規則を含むが戦争の正・不正を基軸とする正戦論から交戦の規則のみを定めた戦時国際法への転換」を推進しました（山内進編、前掲書、三三頁）。

ここから無差別戦争論が登場します。「無差別戦争論とは、『戦争に正、不正を決めることはできない』、『すべての戦争は主権国家がその最高の意思に基づいて推進するものであるから、戦争について一方を正、他方を不正と差別化することはできない』という理論です」（同書、三三—三四頁）。こうして、戦争はそれまでのような刑罰戦争ではなくなり、単に紛争に決着をつける最終手段になりました。法的正しさは、ただ交戦法規に従っているかどうかの問題となったのです（フェアプレーの戦争）。

しかし第一次世界大戦ごろから、正戦論が復活してきました。オランダの国際法学者ヴァン・ヴォレンホーヴェンが、ヴァッテルの主張した「戦争の自由」を根本的に否定し、「違法な戦争」という概念を国際法思想に取り入れました（同書、三八頁）。彼の主張がグロティウス主義と言われます。グロティウス主義が、第二次世界大戦後の国際軍事法廷に少なからぬ影響を与えたと言われています。

現代の正戦論者として有名なのがマイケル・ウォルツァーです。彼は正戦論の立場から、アメリカのベトナム戦争を批判しました。アフガニスタン戦争は合法としつつ、イラク戦争は正しくないと批判しています。また彼は「人道的介入」の議論を展開しています。人道的介入とは、「ある国家において組織的な人権侵害や非人道的行為が行われている場合に他国は国境を越えて武力介入して、その人権侵害を防ぐべきか否か」の問題です（同書、二二〇頁）。これは「人の命を救うために、人を殺していいのか」というディレンマを生みます。正戦論のもつ倫理思想は、こうして今日も意味を持ち続けています。ウォルツァーは、思考を停止せず、厳しい現実に向かい合いながら、戦争における「正義」を問い続けていると言えるでしょう。

(5)原理的な「絶対平和主義」の否定

第五に、この規定が否定しているのは再洗礼派が主張していた原理的な「絶対平和主義」であることである。それは、どんな場合でも、武器を取って抵抗することは許されないという主張である。しかしこれは、人間の罪の現実を直視していない見解だと言わなければならない。とりわけ私たちは、二〇世紀にナチス・ドイツや日本のファシズムを経験し、国家が悪魔化する恐ろしさを知っている。それに対する抵抗さえも原理主義的に否定することはできないのではないか。やむをえず力で抵抗しなければならないときがあるのではないか。それがこの規定の意味だと言っても良いであろう。健全なリアリズムを働かせる必要があるのである。

ウェストミンスター信仰告白は、上記のような「正義の戦争」の伝統の系譜に立っています。それは同時に、再洗礼派の一部にあった原理的な「絶対平和主義」を否定することを意味していました。再洗礼派のすべてが絶対平和主義を主張していたわけではありません。俗権理解をめぐって、初期の再洗礼派は象徴的な剣の帯剣を認める「剣派」と、それに反対する「杖派」に分かれていました。後者の中から、絶対平和主義の立場が生まれてきました。後者の系譜に立つ、フッター派の指導者ペーター・ヴォルポット（一五二一〔一九〕―七八）は、『剣について』という文書の中で次のように述べています。

「平和の君であるキリストは私たちに福音を教えて言われる、『柔和な人たちは幸いである。憐れみ深い人たちは幸いである。平和を作り出す人たちは幸いである。義のために迫害されてきた人たちは幸いである』〔マタイ五・五、七、九、一〇〕。そこからして、柔和でない者、報復する者は非キリスト教的であり、幸いでないことになる。憐れみ深くない者、戦いまた争う者、迫害する者は幸いでないことになる。剣の職務はこれらすべてをなし、それ故にキリストの内にあることはできない。その脇に剣を帯びる者は平和を作り出す者ではなく、むしろ争乱を作り出す者である」（『宗教改革著作集8』二八六頁）。

「キリストは弟子たちに向かって、『人を裁くな。自分が裁かれないためである。あなたがたが裁くその裁きで、自分も裁かれ、あなたがたが量るそのはかりで、自分も量られるだろう』〔マタイ七・一、二）と言われた。それだから、剣や裁きや復讐はキリストの教会に紛れ込むべきでないし、キリスト者はそれを執行すべきでない」（同、二九〇頁）。

「キリストは言われた、『行って、「私が好むのは、憐れみであって、犠牲ではない」とはどういう意味か学んできなさい。私が来たのは、義人を招くためではなく、罪人を招くためである』〔マタイ九・一三〕。だからキリストは地上で、その弟子たちの間に、怒りではなく憐れみを、剣ではなく恵みを欲せられる。この地上では、剣をもって防衛するごときはもちろん、憎悪や怒りさえも抱くべきではない。天には嫉妬や憎悪は存しないからである」（同、二九〇頁）。

「『からだを殺しても、魂を殺すことのできない者どもを恐れるな』〔マタイ一〇・二八〕。もしも、今日の世俗的な偽りのキリスト教世界のように、神の教会の中に為政当局者と剣が存在するような場合には、キリストはこのような言葉を語る必要はほとんどなかったであろう。もしもそうでなかったならば、キリスト者は剣の陰に隠れて、敵が打つよりも早く、敵を打ち据えることになるだろう。しかし、御言葉はあくまでも明白である。すなわち、キリスト者（私の言うのは本当のキリスト者のことである）はこの世にあって殺され、苦しめられ、鎖に繋がれ、迫害を受ける、と。しかし、彼らはいかなる場合も、人を殺さず、鎖に繋がず、迫害を加えない。そうだとすれば、どうして世俗の為政当局者たり得ようか」（同書、二九一頁）。

再洗礼派の絶対平和主義は、今日、高く評価される傾向があります。それは、戦争の性格が大きく変化した「今日の文脈において」、有効性があるからです。しかし、宗教改革時代においては、先にも指摘したように、秩序破壊的な要素を持ちました。率直に言って、絶対平和主義であれば、宗教改革は成立せず、新しい歴史を形成することはできませんでした。

では今日は、絶対平和主義が本当に有効と言えるのでしょうか。悪に対して、あくまで無抵抗、無暴力であることが、常に正しい選択だと言えるのでしょうか。それが悪を助長する側面がないと言えるでしょうか。日本の侵略に対して戦った中国や朝鮮半島の人たちの抵抗を、すべて間違いだったと言えるでしょうか。アメリカの侵略に抵抗したベトナムの人たちは間違っていたと言えるでしょうか。今日のロシアの侵攻に対するウクライナの人々の抵抗を間違っていると言えるのでしょうか。私は言えないと思います。

私たちは、ナチス・ドイツや日本のファシズムを経験し、国家が悪魔化する恐ろしさを知っています。それに対する抵抗さえも原理主義的に否定することはできないのではないでしょうか。やむをえず力で抵抗しなければならないときがやはりあるのではないでしょうか。

平和を求めることは重要です。しかし、それが原理的な「絶対平和主義」で実現するわけではありません。人間の悪に対する現実的な戦いを、原理主義的に放棄することはできません。原理主義は思考停止です。それを聖書が求めているとは思えません。ウェストミンスター信仰告白は、健全なリアリズムを求めていると言えるでしょう。

(6)一七世紀の戦争と現代の戦争との違い

第六に、この規定が書かれた一七世紀の戦争と、今日の戦争との違いをよく理解しなければならない。もはや同じ「戦争」という言葉を使うことが不適切と思えるほど、内容は大きく異なる。今日の戦争は、瞬く間に全面戦争になりやすく、殺傷能力の飛躍的向上と、非戦闘員が攻撃の対象になりやすくなったことなども考慮に入れなければならない。さらには、核兵器や大量破壊兵器がある時代である。こうした「戦争」の内実の変化も考慮しなければならない。

ここでは、戦争そのものの変化のことを考えます。それは、戦争における武器の変化だけを意味しているのではありません。戦争そのものの性質が変化しています。

近代以前と近代以降では、戦争そのものが違うと言われます。近代以前の君主制国家においては、そもそも国民というものは存在せず、兵役は一部の富める人間だけの問題でした。軍隊は国民全体とは無関係だったのです。しかし、近代国民国家の成立によって、国家は平時から常備軍を持ち、国民をいつでも兵士にできる非戦闘員に組み入れるようになりました。多木浩二はその『戦争論』でこう述べています。

「国民国家というものが成立し、国民が主権を持つものとして登場したとき、はじめて国家は『戦争機械』になりえた。そこでは法定の戦争暴力が常備軍として存在し、いつでも起動しうる状態にある。だから指導者が、戦争権を行使すると、法の定めるところにしたがって戦争が始まる。戦争の暴力は合法的なので、あらゆる暴力のなかでどこまで苛酷になってもいいものになる。それだけに途方もない犠牲を生んできた」（多木浩二『戦争論』岩波新書、一九九九年、一四頁）。

一九世紀に書かれたこの分野の古典と言えるカール・フォン・クラウゼヴィッツの『戦争論』は、「文明国民のあいだに行われる戦争は、常に政治的状態から発生し、政治的動因によって惹起される」

として、「戦争は政治におけるとは異なる手段をもってする政治の継続にほかならない」と主張しました（同書、九頁）。つまり、戦争を政治の延長と見なし、戦争を国家間の政治外交関係を進める上で、当然ありうるものと考えました。すなわち、クラウゼヴィッツは戦争を合目的化したのです。二〇世紀まで彼の理論は、多くの政治家・軍人たちに受け入れられたのですが、しかしその理論は、戦争そのものによって限界を露呈しました。第一次世界大戦は、確かに政治の継続として始まったものでしたが、半年もすると戦争は独自の規則をもって動き、戦況は戦争のための戦争となりました。つまり、戦争は政治とは異なる暴力の行使となり、クラウゼヴィッツの理論は通用しなくなったのです（多木、同書、二一一頁）。

二〇世紀の戦争は、政治の継続とは言えない、それ自身の規則で動く苛烈なものとなりました。それは国民国家が、すべての国民を戦争に巻き込む装置として機能したことと一体です。国民国家では、法によって国家が暴力を独占します。法によって暴力を軍事制度として国家機構に組み込みます。国家は普通、常備軍をおいて、いつでも外敵と戦争できる状態にあります。国民は法によって、非常時には兵役につく義務が課されるのです。こうして国家全体が「戦争機械」になりうる体制になりました。その国家体制が、戦争そのものを変えていった面があることを見落とすことはできません。近代以前と違い、戦争が起こればすべての国民がそれに巻き込まれることになるのです。

戦争の技術の変化も非常に大きなものです。技術の変化によって、戦争は大きな変化を成し遂げてきました。一六世紀の火薬革命は潜在的な破壊力を大きく変えました。一九世紀の大砲の発展もそうです。また一九世紀の広範な鉄道ネットワークによって、「兵士を随所に移動させやすく」なり、「兵器や物質、軍隊そのものをより迅速に移動させることが可能になり、より効果的な通信と、きわめて広範囲に及ぶ調整も相まって、従来に比してはるかに大規模な作戦を実行できる」ようになりました（リチャード・イングリッシュ『近代戦争論』矢吹啓訳、創元社、二〇二〇年、一九頁）。そして二〇世紀には大量破壊兵器や核兵器が開発されます。

「戦争の四世代」パラダイムというものを主張する者もいます。「第一世代（馬とマスケット銃、ナポレオン戦争）、第二世代（ライフルと鉄道、アメリカ南北戦争から第一次世界大戦）、第三世代（電撃戦／高速機動戦）、第四世代（情報技術を利用する非対称戦／軍隊だけでなく政治・経済・社会ネットワークを含む、反乱軍への集中。アフガニスタンとイラクにおける二一世紀の戦争に顕著）に区分」されます。そして今日の戦争では、通常兵器の多くを時代遅れにしてしまうようなかたちで、情報技術が戦争を変容させていると言われます。つまり、情報収集や洗練された通信システム、小規模部隊の展開、精密誘導兵器の使用が、通常兵器に代わって重要になっています（以上、同書、二五―二六頁参照）。

自律型殺傷兵器も登場しています。これは、人工知能とロボットの発展によって、人間の判断を介さないで攻撃を行う兵器です。キラーロボットとも言われます。つまり、目標を達成するための異なる選択肢の中から何が有効かを自ら判断する能力を持つのです。最も有効に多くの人を殺せる選択肢を機械が自ら選んで実行するのです。ロボット兵器と人口知能の結合は、戦争を大きく変える可能性があります。

以上のように、戦争を行う国家体制も、戦争の技術も大きく変化してきました。そして現在も変化しています。その変化を抜きにして、戦争を論じることはできません。ウェストミンスター信仰告白の時代の「戦争」と今日の「戦争」は、言葉は同じでも内実は、大きく異なります。その違いを抜きにして議論することは、正しいことではありません。

本当に必要なのは、平和を考え抜く倫理思想です。原理主義による、思考停止ではありません。そしてその倫理思想こそが、アウグスティヌス以来の「正しい戦争論」にあると私は思うのです。

3 結論とまとめ

レポートのまとめの言葉は次の通りです。

以上のことを考慮するならば、ここに「合法的な戦争が許される」と記されていても、それは決して安易な戦争肯定には結びつかないことは明らかである。私はむしろ、この規定はリアリズムに基づく力強い平和主義の規定ととることができると思う。原理主義的な絶対平和主義は取らない。それでは対処できない罪深い人間の現実に直面することがあるからである。しかし、ウェストミンスター信条の精神は、あの戦争の時代の中でも、極めて抑制の効いた形でしか「合法的戦争」を認めていなかったのであるから、私たちはそこに平和のために努力する精神を見出すことができるのである。まして、戦争の性質が大きく変わったのであるから、戦争を避けるために努力するのは当然と言わなければならない。

それゆえ今日の教会にとって、「合法的な戦争があり得る」とするウェストミンスター信条の規定は、そうした成熟した議論の土台を提供していると言える。その背後にある歴史を丁寧に辿るならば、

それはむしろ、真の平和のために懸命に考え努力することを私たちに求めていると言えるだろう。そして私たちは、原理主義的な絶対平和主義は取らないが、現実には絶対的な平和を追求するしかない地点に立たされていると言える。

今日、「新しい戦争」論というものがあります。その主張に拠れば、今日の戦争は、新しい種類の組織的暴力によるもので、戦争、犯罪、人権侵害の混ざり合ったものとされます。英国の政治学者リチャード・イングリッシュは言っています。「新しい戦争は、それ以前の戦争と比して、イデオロギー的ないし領土的な目標よりも、アイデンティティ・ポリティクスとより深く関わっている。また、暴力がもっと故意かつ明確に民間人に対して向けられ、異なるかたちで戦争が遂行されると言われている。さらに、新しい戦争は、従来とは異なり、脱中央化した、より犯罪的なかたちで資金を調達し、国家の分裂によって特徴づけられている」と（同書、二六頁）。

この「新しい戦争」論を支持するか否かは別にしても、現代の戦争がより複雑化しているのは確かでしょう。そういう時代に生きるキリスト者として、戦争と平和にいかに向き合うのか。私は、アウグスティヌスやトマス・アクィナスの系譜に立つ「正しい戦争」論は、それを考えるための思想的基軸を与えていると思います。

複雑なことを単純化せずに、その複雑さをしっかり見つめて、それを聖書の光によって考えていく。神学の伝統の助けを得ながら考え抜いていく。それが本当に大事なことだと思っています。そしてレポートの結論をもう一度繰り返します。「私たちは、原理主義的な絶対平和主義は取らないが、現実には絶対的な平和を追求するしかない地点に立たされていると言える」のです。平和のために考え、行動することが、今日のキリスト者、また教会の使命だと確信しています。

注

（1）「平和の宣言」は二〇二三年六月の第二回定期会において修正の上、可決された。

主な参考文献

山内進編『「正しい戦争」という思想』勁草書房、二〇〇六年。

マイケル・ウォルツァー『戦争を論ずる――正戦のモラル・リアリティ』駒村圭吾他訳、風行社、二〇〇八年。

マイケル・ウォルツァー『正しい戦争と不正な戦争』荻原能久訳、風行社、二〇〇八年。

フランシスコ・ペレス「アウグスティヌスの戦争論」『中世思想研究二七号』中世哲学会編、一九八五年。

沢田和夫『トマス・アクィナス研究』南窓社、一九六九年。

多木浩二『戦争論』岩波新書、一九九九年。

石川明人『キリスト教と戦争』中公新書、二〇一六年。

リチャード・イングリッシュ『近代戦争論』矢吹啓訳、創元社、二〇二〇年。

ジェイムズ・アダムズ『二一世紀の戦争――コンピューターが変える戦場と兵器』伊佐木圭訳、日本経済新聞社、一九九九年。

アーネスト・ヴォルクマン『戦争の科学』茂木健訳、主婦の友社、二〇〇三年。

中満泉「この兵器と人類は共存できない」『世界』(二〇一九年一〇月号)、岩波書店。

津屋尚「AI兵器――異次元の危険領域」『世界』(二〇一九年一〇月号)、岩波書店。

櫛島次郎「人工知能兵器は許されるか」『世界』(二〇二二年七月号)、岩波書店。

筒井若水『違法の戦争、合法の戦争――国際法ではどう考えるのか?』朝日新聞社、二〇〇五年。

長谷部泰男『戦争と法』文藝春秋社、二〇二〇年。

眞島俊造『平和のために戦争を考える――「剝き出しの非対称性」から』広島大学大学院総合研究科編、丸善出版、二〇一九年。

袴田康裕『ウェストミンスター神学者会議とは何か』神戸改革派神学校、二〇〇八年。

袴田康裕『ウェストミンスター信仰告白と教会形成』一麦出版社、二〇一三年。

コロナが教会に与えた影響を考える

はじめに

今回は「コロナが教会に与えた影響を考える」という講演題を与えられました。大変重い題です。二〇二〇年から二〇二一年にかけて、全世界がコロナウイルス感染症に覆われ、私たちの生活もまた教会生活も大きな影響を受けてきました。私たちはキリスト者として、また教会としてこれに向き合い対処してきたわけですが、その向き合い方は、教派によって、教会によって、またキリスト者によって、多様性あるいは幅があったと思います。今回、このような講演を依頼されたのは、そのような対応や意見の相違がある中で、私たちがどのように考えたらよいのか、その何らかの指針を与えられたい思いからではないかと思います。

第一波が終わった二〇二〇年七月に、西部中会の機関誌『リフォルマンダ』の編集委員会に依頼されて「コロナ禍において考えたこと」という文章を書きました。それは『リフォルマンダ』の九月号に掲載されました。その文章は、その時点での私の感じたことを記したものですが、基本的な考えは今も変わりません（なおその文章は『改革教会の伝統と将来』〔教文館、二〇二二年〕に収録）。

私はその中で根本的な一つの問いを投げかけました。それは「教会は、神のことよりも人のことを中心に考えていた面がないだろうか」という問いです。私たちの基本態度は、あまりに人間を中心にしたものではなかったか、という問いです。その上で「神礼拝」「神の民を養うこと」「福音宣教」「教会の自律性」という四つの課題を提示しました。

大変な病の蔓延なのですから、教会もまた、肉体的な命を守ることに最大限の注意を払ったことはもちろん、必要なことでした。しかし、私が問いかけたかったのは、教会はそれがすべてで良いのかということでした。あるいは、バランスが崩れていないのか、ということでした。聖書的なバランスを、教会は本当に保持しているのか、ということでした。

バランスが崩れたのは、決して教会だけではありません。多くの国々が、人の命を救うためとして、経済活動の一部停止や、人々の移動の自由を制限しました。しかしそれによって、生活が破綻した人が生まれました。また、離れた場所に住む家族に会えない人、学校にも行けない人が生まれました。さらに、病人の見舞いにも行けず、家族の死に目にも会えない、葬儀もできない人もありました。また、自由を奪われるストレスの中で、家庭内暴力や依存症、心身症が深刻化するなどの事態も起こりました。

世界保健機構（ＷＨＯ）の「健康」の定義は、「身体的、精神的、社会的に良好な状態」にあることだそうです。また「霊的に良好な状態」を加えるべきだという議論もありました。だとすれば、「身体的に良好な状態」さえ優先すればいいわけではありません。それを優先したために、これまではそれなりに「良好な状態」で生きていた人が、「健康」を損ねたという事態も起こっています。それまでは高齢であっても持病があっても、それなりに「健康」に生きていた人たちの、その「健康」

が奪われることさえ起こったのです（参考　竹下節子『疫病の精神史』ちくま新書、二〇二一年、一八―一九頁）。

私は決して、多くの政府がしてきたコロナ対策が間違いだったと言おうとしているのではありません。言いたいことは、「健康」の問題はトータルに考えなければならないということ、そしてそのバランスをとるのは非常に難しいということです。

同じことがキリスト教会にも当てはまります。教会は霊的に健やかであることが何より大事です。その際、そしてその群れに繋がるキリスト者たちが、健やかに生きられるようにする責任があります。その際、肉体の健康だけに配慮すればよいわけではありません。疫病に罹らないことだけを最優先にすればよいわけではありません。キリスト者としてのトータルな健康を考えなければなりません。そのために、教会は仕えなければなりません。それだけの視野とバランス感覚が必要です。

コロナの感染が始まって、既に一年半以上が経っているわけですが、この時点で改めて、聖書の光によって、私たちのコロナ対策を問い直してみたいと思います。そして、持つべき視野と良きバランスとは何かを考えてみたいと思います。

1　コロナによる教会への具体的影響

講演題は「コロナが教会に与えた影響を考える」です。その答えを一言で言うならば、コロナによって教会は「霊的危機」に立たされていると私は思います。「教会の霊性の危機」に立たされています。霊性とは、「信仰のかたち」のことですが、改革派教会が、これまで生きてきた、また、これまで培ってきた「教会の信仰のかたち」「霊性」が危機にさらされている。それが私の認識です。

コロナによる教会への具体的影響を三つ挙げます。

第一は、集まることの困難です。キリスト教信仰は、私と神との一対一の関係を基本としつつも、それで完結するものではありません。私たちはキリストの体なる教会に繋がるものです。私たち一人一人は、そのキリストの体の部分です（Ｉコリ一二・二七）。主イエスはこのことをぶどうの木の譬えを通して教えられました。「わたしはぶどうの木、あなたがたはその枝である。人がわたしにつながっており、わたしもその人につながっていれば、その人は豊かに実を結ぶ。わたしを離れては、あなたがたは何もできないからである」（ヨハ一五・五）。主は「わたしにつながっていなさい。わたしもあなたがたにつながっている」（同一五・四）と言われました。キリストに繋がることを、この世で最も豊かに具現化しているのが、公同礼拝に集うことです。同じキリストの体に結ばれている方々と共に主を礼拝する時、私たちはそこで、キリストの臨在を知り、神の国の前味を味わいます。実際に集まり、共に神を賛美し、共に御言葉を聞き、共に主の晩餐に与ることで、私たちは真の霊的な慰めと力を得てきました。ですからヘブライ人への手紙は、集会を怠ることを戒め、励まし合って集まることを命じています（一〇・二四、二五）。

実際に集まることが、教会の力であり、キリスト者の力です。それがなくなれば、霊的な力は枯れていきます。私が最も恐れるのは、教会に「集まらない習性」が生まれてしまうことです。集会の熱心が失われることです。そうなれば、教会は確実に力を失っていくでしょう。集まることの困難は、教会の霊的危機を招いています。

さらに人間は、心のある、魂のある存在です。それゆえ、必要があったとはいえ、緊急事態宣言や外出抑制のようなことがあれば、人間の心はダメージを受けます。コロナウイルスは、単に肉体の健康に対する脅威であるだけでなく、人間の心に不調を引き起こしたり、また家族などの共同生活の不和を顕在化させる危険もあります。

ですから、教会は、肉体に関する感染対策だけでなく、心の不安や、家族等の問題にも注意を払い、必要なケアをしなければなりません。感染症から守るためと言って、礼拝を中止したり、礼拝堂を閉じたりすることもあるように聞きますが、それで、教会員を守ったことになるわけではありません。

実際、多くのキリスト者にとって、教会に集まって与えられてきた交わりがどれほど心の支えになってきたか分かりません。コロナがなくても、生きることには不安が付きものです。そうした中で人間は、人との出会いの中で与えられる、ユーモアや愛や友情によって、ささやかな喜びによって支えられてきました。とりわけ、キリスト者にとっては、教会における交わりでそれが与えられてきました。しかし、集まることができなくなることによって、こうした支えが失われています。それによって、心のバランスを崩している人も少なくありません。

教会への具体的影響の第二は、コロナの対応をめぐって分断と対立が生まれたことです。コロナウイルスに対する感じ方や対応の仕方は、個々人によって違います。とにかく、コロナの危険を避けることを最優先すべきだと主張する方もいれば、気を付けつつも、できるだけ通常の生活を続けた方がいいと考える者もいます。その違いが教会にも持ち込まれます。ある人たちは、できるだけ集会を止めるべきだと主張し、また別のある人たちは、気を付けつつもできるだけ集会を続けるべきだと主張します。感じ方や意見の相違がある中で、どうやって一致点を見いだすのか。その困難に教会は直面したと思います。

そこで問われたのは、牧師の神学的なリーダーシップでした。この難しい状況の中で、イエス・キリストの教会として、どういう判断をすべきなのか。その神学的力量と見識が牧師には問われました。私は牧師の働きは大きく三つあると思っています。それは「預言者的働き」と「祭司的働き」と「王的働き」です。預言者的働きは主として説教によって、祭司的働きは個々人との牧会的な対話によってなされます。王的働きは、教会を統治する働き、つまり、霊的なリーダーシップをもって健全な判断をする働きです。コロナによって、この第三の点が厳しく問われました。平時には覆われていたものが、露になってしまった面もあるでしょう。しかし今は、お互いを責める時ではなく、共に再建する時です。

あるキリスト者の友人が、コロナ禍における教会の対応に疑問を感じるという手紙を送ってこられました。こういう内容です。コロナのリスクがあっても仕事や学校はやっているのに、なぜ教会は、この世以上に止めることに熱心なのか。結局教会は、教会からコロナが出たときに受ける批判を恐れているのではないのか。その恐れが、この世以上に強いから万全の対策をしようとする。だから、オンラインが基本になって、「心がつながっていればいい」などと言う。しかし教会こそが、命は肉体の命だけでないと言ってきたのではないか。真の命を語ってきたのではないか。しかし、コロナになったら肉体の命のことばかりに目を向ける。おかしくないか。結局本当はもともと、肉体の命が第一だったのではないか。もともと真の命を第一にして、そこに生きていたのではなかったのではないか。

その本当の姿が現れただけではないか。教会は、言い訳を止めて、それを認めるべきだ。この方の手紙は、コロナによって教会の姿が暴露されたことを嘆いているものです。教会は結局、この世からの批判を恐れている。教会は結局、この世の命最優先で生きている。それを、言い訳をせずに認めるところから始めるべきではないか、というこの意見を、私は無視できないと思います。

教会への具体的影響の第三は、オンラインの利用促進です。多くの教会で礼拝のネット配信が行われるようになりました。それには、長所と短所があると言わなければなりません。

長所は、高齢者などがネットによって安全に礼拝に参加し、説教を聞けるようになったことです。また、礼拝を欠席しがちであった人が、ネットによって礼拝に参加するようになったということもしばしば聞きます。教会の敷居が、ネットによって低くなったという感じがあるのでしょう。そのメリットは認めていいと思います。

しかし、同時にわたしたちは、オンラインの限界を知っていなければなりません。やむを得ない場合のオンラインでの礼拝参加を否定するものではありませんが、私はオンラインでの礼拝は、本来の礼拝にはならないと思っています。

精神病理学を専門とする斎藤環《たまき》さんと、臨床心理学を専門とする東畑開人《とうはたかいと》さんのコロナ時代の精神医療に関する対談を読みました（『現代思想　二月号』二〇二一年、八―二九頁）。斎藤さんは、こう言っています。「私見では『対面』には、その暴力性ゆえに、集団の意志決定を促す力、関係性や欲望を賦活する力があると考えています。だから関係性が重要な教育や医療、カウンセリングにおいては『対面』という担保が求められる。リモートはあくまで一時しのぎですよね。反面、情報伝達やコミュニケーションが優位な職業（ＩＴ系など）ではリモートでもなんら不都合が生じない」。また東畑さんもこう言います。「身体性の問題につながりますね。知的な、つまり自我機能による情報処理・情報交換は、会わなくてもできます。そういうことはリモートワークで十分かもしれない。だけど、打ち合わせとかもそうですが、身体が一緒にあることで生まれるアイディアとかノリみたいなものがあった。ただ、これは多くの場合、測定不可能です。『身体性』は別の言い方をすれば、動物的な部分と言ってもいいかもしれません。……」。それを受けて斎藤さんは言います。「いま東畑さんがおっしゃった、情報伝達と動物的な部分に関しての議論については、私はコミュニケーションと関係性の対比として捉えています。コミュニケーションは体がなくてもできるし、言ってみれば相手が人工知能でもできる。一方、関係性を持つためには身体性が必要で、やはり『いる』ということが基本になるでしょう」（同書、一二、一三頁）。

精神医療の専門家による興味深い対談です。対面の持つ力が強調されています。それが、教育やカウンセリングにおいては、基本的に重要です。知的な情報処理は、会わなくてもリモートでもできる。しかし、身体が一緒であることによって生まれる、測定不可能な価値がある。そして、コミュニケーションは体がなくても可能ですが、関係性を持つためには身体性が必要なのです。

礼拝は単なる知的な情報伝達ではありません。説教の映像が見れて、それが聞ければ、それで礼拝になるということはありません。礼拝は、神様との出会いの場です。関係性を持つためには身体が一緒であるという身体性が必要なのです。

聖書が教えるように、人間は霊肉統一体であり、私たちは、その全体をもって礼拝することが求められています。それも霊肉統一体である人間が集まって礼拝することが求められています。説教だけ聞いて、理解し、恵まれればそれでよいというのではありません。礼拝は、全身全霊を神にささげる時です。神に仕える時です。そして、聖書的人間観では、人間は共同体の一員であることが本質的に重要です。とりわけ、キリスト者にとって、教会共同体の一員であることは、生命的な事柄です。実際に集まって、神を礼拝することなしに、その一体感を感じることも、神の民のリアリティを感じることもできません。実際に集まっての礼拝がなければ、どんなに努力しても、霊的命は確実に枯渇していくと言わなければなりません。

2　いかにして霊的力を回復するか

コロナによって教会は「霊的危機」に立たされている、それが私の現状認識です。それゆえ、霊的戦い、霊的ケアが今以上に必要な時はありません。まずその自覚を持ちたいと思います。では、いかにして霊的な力を回復するのでしょうか。四つの点を挙げます。

(1) 集まること、出会うことの本質的重要性の再確認

これはすでに繰り返し述べてきたことですが、この認識の再確認がとにかく必要だと思います。実際に集まって礼拝することは、教会にとって、またキリスト者の霊的命にとって、生命的に重要です。その重要さが曖昧になれば、キリスト者の信仰が歪み、教会は遠からず、崩壊していくと私は思っています。私たちは知性だけで、また個人で礼拝するのではありません。全身全霊で、兄弟姉妹と共に

礼拝するのです。そのように造られています。そのリアルな礼拝をいつも教会は求めていく必要があります。

そのためにも、私たちの礼拝には「喜びのリアリティ」「喜びの実感」がなければなりません。コロナがあろうがなかろうが、公同礼拝に信徒の疲れをいやし、生き生きさせる力がみなぎっているか。それが問われていると私は思います。

私たちは基本的に教会生活、信仰生活における「日常」を維持し、それを立て直していかなければなりません。今すぐは難しいかもしれませんが、実際に集まること、出会うことは、キリスト者の「日常」にとって欠くことのできない本質的要素なのです。

(2) 牧師の牧会のあり方の見直し

第二は、牧師の牧会のあり方の見直しです。二〇二〇年の春、コロナの第一波が襲ってきた時、ある教派は、礼拝を全面的に休止しました。そして牧師は休業したとして政府の雇用調整助成金を申請し、受領しました。後にこれは「不正受給」ではないかと指摘されて、全額返金を余儀なくされました。この報道記事を読んで、私は本当に呆れました。礼拝や集会ができなかったら、牧師は休業なのでしょうか。牧師の務めは、その群れの羊の牧会的ケアです。そのケアの多くは、通常は、礼拝の説教や、祈禱会や、また主の日の個々人との語らいによってなされてきました。しかし、集まることが困難になった。ならば、その牧会的ケアはどのようになされるのでしょうか。集まれないならば、集まることによってなしてきたその務めを、牧師は違う形で個々人に対して補うしかないのです。これまでは、礼拝の説教でなしてきた霊的務めができないならば、それをどうやって補うかを牧師は真剣に考えざるを得ないはずです。日曜日に挨拶をする中で担ってきた務めを、他の形で補うしかないはずです。

それは、戸別訪問かもしれませんし、電話や手紙によってなされなければならないのかもしれません。私は、牧師が「集まれない」ことの欠けを本当に補おうとするならば、どう考えても、これまでよりも忙しくなると思います。忙しくなっていないとするならば、牧師の務めに関する理解がどこかおかしいのではと思います。

その意味で、牧師が牧会というものをどのように捉えてきたかが、コロナによって明らかになった面があります。牧師の牧会のあり方を、今一度見直し、立て直す必要があるのです。

(3)カテキズムの回復

第三は、カテキズムの回復です。コロナ感染症の蔓延は、人間の孤立を招きました。対話相手の喪失です。心の不調につながる危険、また霊的な不調につながる危険があります。私は、カテキズム、教理問答は、魂の対話相手なのだと思っています。信仰の事柄というのは、ある意味で漠然としています。聖書を読むことは一番大切ですが、それは六六巻というたくさんの書物から成るもので、膨大です。やはり、聖書が全体として教えている筋道を、的確に示してくれるものが必要です。それは、大ざっぱすぎてもいけないし、また細かすぎてもいけないと思います。聖書の教えの筋道と同時に、深さと豊かさも十分に教えるものでなければなりません。私はそれが、宗教改革期に作成されたカテキズムだと思っています。

もう亡くなりましたけれども、ドイツにボーレンという実践神学者がおられました。加藤常昭先生の盟友とも言える先生ですが、この先生の奥様は、うつ病のために自死されました。ボーレン先生はその深い悲しみを受け止めて、長年にわたって神学的な思索をされました。そして奥様の死の約一〇年後に一つの書物を著されました。それが『天水桶の深みにて』（日本キリスト教団出版局、一九九八年）という書物です。奥様の死のことに直接触れているわけではありません。うつ病について、神学者・文学者として考えた思索の書です。そしてボーレン先生は、社会におけるカテキズムの喪失との関係について、次のように語っておられます。

「カテキズムが提供してくれるもの、それは、われわれが失った文化遺産である。これを喪失したために、われわれの社会におけるメランコリー〔憂鬱、うつ病〕の流行が促されたのである。カテキズムを失うことによって、教会の告白が失われ、後に残ったものと言えば、テレビが、規則正しく、日曜日ともなればおしゃべりして沸き立たせてくれる、〈宗教のおかゆ〉のようなものでしかないのである。カテキズムと共にあったとき、魂は孤独ではなかった。話し相手を得ていたのである。しかし、カテキズムが失われてしまったとき、一種の〈読むことを失った状態〉が、激しく襲うことになったのである。内的な沈黙の道は開かれ、信仰喪失の時代が始まることになり、重いこころの病が、信仰者、不信仰者を問わず、猛威をふるうことになったのである。

カテキズムと共に、われわれは、いったい何を失ったのであろうか。ルターは、カテキズムを『聖書全体の簡潔な要約、その筆写』と呼んでいる。カテキズムは〈凝縮されたもの〉なのである。カテキズムは、聖書のもろもろの書物を凝縮させた書物である。だからこそこのカテキズムを失った時、それに続いて、あの〈読むことを失った状態〉が起こったのである」（三九―四〇頁）。

ボーレンは、カテキズムの喪失が、教会だけでなく、社会に与えた影響を見つめています。カテキズムを失うことによって、魂は話し相手を失った。それが、心の病が猛威を振るうことになったことと深いところで繋がっていると。彼はもちろん、ヨーロッパの背景の中で語っています。しかし、ヨーロッパだけに当てはまることではないでしょう。

魂の対話相手の喪失、それによる魂の孤立・孤独。それは、私たちの教会も、また社会においても無関係ではないと思います。とりわけ、教会はどうなのでしょうか。

コロナの災いは、この魂の孤立・孤独の問題を顕在化しました。教会においてもそうです。それだからこそ今、改革派教会は、魂の対話相手としてのカテキズムの回復に努める必要があります。ボーレンの言うように「宗教のおかゆ」のようなものでは、魂が支えられて健全に生きることはできません。それほど厳しい時代です。

ボーレンが指摘するように、カテキズムは間違った使い方もなされてきました。その歴史からの教訓も大切です。しかし、カテキズムが本来もっていた魂を深く支える「対話相手」としての役割を復興させる必要があります。このコロナ禍をきっかけに、その自覚を、私たちは持たなければならないと思います。

(4) 教会の社会的役割の再確認

第四は、教会の社会的役割の再確認です。世界的に著名な聖書学者であるN・T・ライトが、『神とパンデミック』(あめんどう、二〇二〇年)という小著を書いています。彼がこの小著の中で強調しているのは、次の三点です。

第一は、キリスト者のパンデミックにおける第一の応答は「嘆く」ことであるということです。彼は言います。

「これこそが私たちの使命です。すなわち世界が痛んでいるその場所で祈る、それもことばにならない祈りを祈ることです。友人や家族の死を嘆き、ふさわしい葬りができないことを嘆き、世界で最も貧しい何百万もの人が危険にさらされている恐ろしさを嘆き、あるいは都市封鎖自体の持つ憂うつさゆえに嘆き、泣き悲しむのです」(六五頁)。

そしてライトは、神は、神の民の嘆きを用いられると言います。「(神は) 彼らの嘆きを聖霊の運び手とするのです」(七二頁)。

このようにライトは、嘆きこそが、パンデミックに対するキリスト者のなすべき第一の応答だと言います。

第二は、教会の世界のための使命についてです。ライトは、イエスがイスラエルに対して行ったことを、キリスト者は世界に対して行う使命があると言います。それは具体的には何でしょうか。それは、助けが必要な人々を助けることです。彼は言います。

「教会の歴史をたどると、イエスの弟子たちは一九世紀末の人々のような道筋で物事を考えませんでした。むしろ、アンティオキアの教会のように、囚人を訪ね、負傷者を看病し、見知らぬ人を歓迎し、飢えた人に食事を与え、病人を世話する働きを進めてきました。現在に至るまでどんな時代でも、昼夜を問わず、良いときも悪いときも、黒死病のときも腺ペストのときも、戦争のときも平和のときも、都市のスラム街でも、孤立した農村でも、彼らはほとんどそうしてきました。聖職者も信徒もリスクを負い、命の危険を冒してまでそうしてきました。助けの必要な人々に直面し、主ご自身に会いたいという強い思いで（マタイによる福音書二五章にならって）これらのことをしてきたのです」（八六頁）。

そしてライトはルターを引用して、疾病に直面した地域における牧師の働きについて、こう記します。「説教者や牧師は自分の職に留まるべきである。よい羊飼いとして、自分の羊のために自分の命を捨てる覚悟をするべきである」。また彼自身の思いとしてこう述べています。「隣人が私を必要としているなら、私はどのような人も避けませんし、どのような場所も避けません。むしろ、自由にその人を訪ね、助けます」（八七頁）。

ライトは、キリスト者は、嘆きから新しい行動に生きるものとなる必要があると語ります。それこそが、神の国のしるしなのです（八九頁）。

それゆえ第三に、教会は世俗化した世界の流れに、おとなしく従ってはならないとライトは言います。彼は言います。

「私が懸念することは、大きな危機に直面しているこのとき、教会のあり方が、世俗化した世界の流れにおとなしく従っているかに見える点です。新しい創造のしるしは、イエスがミニストリーを始めて以来、癒しのもたらすイエス自身の臨在、そしてとりわけその死と復活にあります。三位一体の神を公共の場で礼拝することは（もちろん、適切な安全対策を遵守する必要はありますが）、その礼拝を目にする世界にシグナルを送る重要な役割を果たしてきました」（九四頁）。

危機の中で教会は、真の神を礼拝し、礼拝を通して世界にシグナルを送る使命があります。神を知らない人々が、ただ見える現実に直面して苦悩を深めている中で、私たちは、この中でも真の神がおられること、慈しみ深い神がおられることを示し、また死を超えた永遠の希望があることを証しする必要があるのです。

また彼は、こうも言います。

「少なくとも聖職者は（適切な訓練と権限を得て、保護服を着る必要がありますが）、病人や息を引き取るかもしれない人への付き添いが許されねばなりません。宗教と無関係の医師たちが、ときに聖職者の働きを余分なものと考えたりする場合もあります。そのときには、あらゆるレベルで異議申し立てがなされなければなりません」（八八頁）。

重い病人、そして死にゆく人たちには、魂のケアが必要です。それが阻まれてはならないのです。世俗化した世界はそれを理解しないかもしれません。しかし、その大切さを訴えていくことも教会の大切な役割でしょう。

このようにN・T・ライトは、キリスト者が世界の痛みの真ん中で、祈り、嘆き、そして新しい行動に生きることで、召命に生きることができると語ります。危機の中でこそ、キリスト者と教会には、この世に対して、立てるべき証しがあるのです。キリスト者は隣人を愛するために存在していることを忘れてはなりません。

3　今、霊的に受け止めるべきことは何か

次にコロナ禍の中で、今、霊的に受け止めるべきことは何でしょうか。四つのことを挙げます。

①神が主権者であられること

第一は、神が主権者であられることを心に刻むことです。「主こそ王。諸国の民よ、おののけ」（詩九九・一）と詩編は歌います。主は、天と地に満ちるすべてのものを支配しておられる主権者です。主の許しがなければ、一羽のすずめさえ地に落ちることはありません（マタイ一〇・二九）。このコロナの災いもすべて、主の御手の内にあります。主の御手の届かない領域はこの世界にはありません。私たちはまず、この主の支配を再確認する必要があります。

②神からの警鐘を受け止めること

第二は、神からの警鐘を受け止めることです。聖書によれば、神はしばしば、災難や苦しみを通して、神の民に警鐘を与えられました。「災難にあったのは、彼らが罪深かったからか」と問われた主イエスは、「決してそうではない。言っておくが、あなたがたも悔い改めなければ、皆同じように滅びる」（ルカ一三・一―五）と言われました。主は、他の人のことではなく、まず自分自身が悔い改めることを求められました。コロナ禍という災いには、神からの警鐘の面があります。私たち一人一人が、これまでの神様との関係を見直し、悔い改めて、神に目を向けることが求められています。

③神は悪から益をもたらすことができること

第三は、神は悪からさえ益をもたらすことができるお方であられることを覚えることです。パウロがローマの信徒への手紙で述べた次の御言葉は重要です。「神を愛する者たち、つまり、御計画に従って召された者たちには、万事が益となるように共に働くということを、わたしたちは知っています」(八・二八)。神の民には、万事が益となるように共に働きます。コロナの災いの中で、希望が見えない時でさえ、神は必ずそのように働いてくださいます。

④キリスト者は「永遠」に目を留めること

第四は、永遠に目を留めることです。キリスト者はこの世における命のことだけに生きる者ではありません。死さえ乗り越える希望に生きる者です。そのためには、見えるものだけに目を注いではなりません。見えないもの、永遠に存続するものにこそ、目を留める必要があります(Ⅱコリ四・一八)。

4　最後に——「恐れてはならない」

最後に御言葉に耳を傾けましょう。ルカによる福音書八章二二節から二五節には、主イエスが嵐を静められた記事が記されています。この嵐の中の舟は、まさにコロナ禍の中での教会の姿のように思えます。

この舟には主イエスが同乗しておられました。主イエスが共におられたのです。けれども、激しい嵐に会いました。つまり、主イエスが共におられればすべてがうまく行くというわけではないのです。イエス様を信じていれば、真の神様を信じていれば、人生において危険がない、苦しみがない、試練がないということではありません。救い主が共におられることは、ただちに平穏な生活を約束することではないのです。

では、その危機の際に、弟子たちはどうしたのでしょうか。彼らは、二四節にあるように、主イエスに近づき、彼を起こし、そして「先生、先生、おぼれそうです」と言いました。

弟子たちは懸命に、嵐に対処しようとしました。しかし、万策尽きたのです。けれどもこの時、主イエスは眠り続けていました。彼らには不満があったでしょう。舟が沈まないように、懸命にがんばっているのに、イエス様は眠り込んだままなのです。その主イエスに対して、苛立ちを感じたのではないでしょうか。

私たちも、イエス様が眠っておられるように感じた経験はないでしょうか。自分たちが必死になっているのに、神様は無関心であられる。心をかけてくださらないと感じたことはないでしょうか。あるのではないでしょうか。

弟子たちにはその苛立ちがありました。不満がありました。それが主イエスに対する言動に表れています。

弟子たちから訴えられた主イエスは、二四節後半にあるように、「起き上がって、風と荒波とをお叱りになりました。すると「静まって凪に」なりました。そして主イエスは弟子たちに対して言われました。

「あなたがたの信仰はどこにあるのか」。

主イエスがここで、弟子たちに問われたのは信仰でした。「信仰はどこにあるのか」と問われたのです。「この状況の中で、あなたがたの信仰はどう働いたのか。信仰を持っていない人とどこが違うのか。同じではないか」と主は問われたのです。

同じ問いかけが、私たち一人一人にも向けられていると言えます。私たちの人生は、まさに海の上に舟を浮かべて進むようなものです。天候が良ければ気持ちよく前進できるでしょう。しかし時には嵐が襲い掛かるのです。

その時に何が問われるか。それは信仰なのです。自分の力の及ばない、そういう力に翻弄されるのが私たちの人生です。時には、絶望的な状況に至ることもあるかもしれない。しかしその時に信仰が問われるのです。神様をどういうお方として信じているかが問われるのです。

主イエスはここで、いったい弟子たちの何を問題としておられるのでしょうか。主イエスが問題にしたのは、彼らの信仰が機能しなかったことです。嵐に襲われた時、彼らは神を知らない者と同じように恐れに捕らわれました。

この弟子たちは、イエス様の最も身近にいた者たちです。共に旅をし、寝食を共にしながら、一番近くで御言葉を聞き、また主の業を見てきました。しかし嵐に襲われた時、彼らは神を知らない者と同じように恐れたのです。

つまり試練の時に、信仰が働きませんでした。彼らに信仰がないわけではありません。彼らは一切を棄てて主イエスに従った人たちです。ある意味でそれほどの「信仰者」です。しかし危機の際に信仰に立てなかったのです。見える現実、感じる現実に支配されてしまいました。そして恐れに捕らわれたのです。

主イエスと共にいれば、嵐が来ないわけでも、嵐を静めることができるわけでもありません。嵐の中でどうあるかが問題なのです。嵐とどう向き合うかが問題なのです。主イエスは「信仰はどこにあるのか」と言われます。神を知らない人と、御言葉を聞いていない人とどこが違うのか、と言われるのです。

弟子たちが恐れに捕らわれたことが問題だったと言いましたが、恐れのすべてが誤りであるとか、信仰に反するものであるというわけではありません。宗教改革者のカルヴァンが述べているように、「神の約束にとどまることのできないほどの恐れ」、それが信仰の欠如を示すのです。弟子たちが主からただされたのは、まさにその点でありました。神の約束を知らないかのように恐れてしまう、慌てふためいてしまう、それが問題なのです。

厳しい現実に直面すれば、怯えたり恐れたりするのは当然です。しかしそこで、神の約束にすがるのか、それとも、それを忘れてしまうのか。そこで信仰が問われるのです。

この奇跡の記事は、迫害の嵐の中で困難な闘いを続けていた初代教会の人々に大きな慰めと励ましを与えていたと言われています。ローマ帝国の絶大な権力の中で、各地に散在していた小さな教会は、まさに嵐に翻弄される舟そのものでした。しばしば絶望的な危機の中を教会は歩みました。しかし、主イエスが共におられる限り、その舟が転覆することは決してありません。

主イエスは風と荒波とを叱り付けて静められました。主イエスは、万物の創造者なる神の力を持つ方です。嵐を静める力を持つのです。いやもっと大きな敵である、死の力をも滅ぼされた方です。

私たちがどんなに小さな舟であり、嵐の中を歩んだとしても、主イエスが共にいてくださる限り大丈夫です。その舟は必ず向こう岸に着くことができます。

教会の目的地とは、天の御国です。その約束の地に主は必ず導いてくださいます。途上には嵐もあるでしょう。恐れも、悲しみも、苦しみもある。

しかし、主イエス・キリストが共におられる舟は沈みません。舟に乗っている人も沈みません。私たちを呑み込もうとするすべての敵に勝利して、約束の地に導かれるのです。それがイエス・キリストの教会なのです。

コロナ禍の中で、教会はまさに嵐の中にある舟のような存在です。その私たちに対して主は「恐れるな」と言われます。また「あなたがたの信仰はどこにあるのか」と言われます。

私たちは今、恐れる時ではありません。むしろ、奮い立つ時です。大きな霊的危機に直面している今、主は「あなたがたの信仰はどこにあるのか」と言われます。物事を偏らずにトータルに見て、必要な霊的戦いを、自覚的にしていく必要があります。

イエス・キリストが共におられる舟は沈みません。その主に信頼して、信仰の戦いをしていきたいと願います。

初出一覧

「教理を学ぶ意味と喜び」
　『いのちのことば』一一月号、二〇一九年一〇月

「日本キリスト改革派教会における信仰規準の翻訳の歴史と課題」
　『改革派神学』（第四六号）、二〇二一年一〇月

「日本キリスト改革派教会におけるウェストミンスター信仰規準―信条の拘束力について―」
　神戸改革派神学校第一学期開講講演会での講演（二〇二二年四月四日）。加筆修正した原稿を
　『改革派神学』（第四七号）に収録（二〇二二年一〇月）。

「ウェストミンスター信仰告白における結婚と離婚―ジョン・ミルトンの離婚論と対比しつつ―」
　神戸改革派神学校第三学期開講講演会での講演（二〇一八年一月五日）。加筆修正した原稿を
　『改革派神学』（第四四号）に収録（二〇一八年一〇月）。

「ウェストミンスター信仰告白における合法的戦争」
　神戸改革派神学校第四四回夏期信徒講座での講演（二〇二二年七月八日）。加筆修正した原稿を
　『平和をつくる教会――使命と課題』（リフォームド・パンフレット一一号）に収録（二〇二二年

一〇月)。

「コロナが教会に与えた影響を考える」

日本キリスト改革派中部中会信徒研修会での講演(二〇二一年九月二〇日)

あとがき

二〇一三年四月から、神戸改革派神学校の専任教授として奉仕してきましたが、二〇二四年三月をもって辞職し、四月から一教会の牧師として働き始めました。一一年間にわたる専任教授時代に、専門としてきたウェストミンスター信仰規準についての翻訳と研究書、さらにコリントの信徒への手紙IとIIの説教集を出版することができました。それとは別に、日本における伝道と教会形成について語った講演や論文を、『改革教会』という名称を冠した書籍として出版してきました。本書は、その『改革教会』三部作の最終巻となります。

私は、日本キリスト改革派教会に所属する教師として、教派の神学的伝統を大切にしつつ、日本における伝道と教会形成について考えてきました。改革派長老派伝統に堅固に立つ教会を建てることが、結果として日本宣教全体への貢献につながるという思いがあったからです。その確信は今も変わりません。それゆえ、聖書的な教会形成を目指すすべての人にとって、この三部作で論じてきたことは意味を持ちうると思っています。

第一作の『改革教会の伝道と教会形成』（教文館、二〇一七年）は、「健やかな教会をいかにして作るか」というテーマで編集しました。その中で、伝道、教会政治、長老主義、牧師養成などのテーマを扱いました。教会が健やかであることに、伝道と教会形成の鍵があると思ったからです。第二作の『改革教会の伝統と将来』（教文館、二〇二一年）は、「日本における宗教改革伝統の受容と課題」をテーマにしました。日本においても、改革派長老派伝統はさまざまな仕方で受容されてきました。それを知ることが将来につながるのだと思います。また、この第二作には、日本宣教における最大の課題である天皇制の問題に真正面から取り組んだ講演を収録しています。

第三作のテーマは、改革派長老派教会にとって重要な信条の問題を取り上げています。ここでは特に、私が所属する日本キリスト改革派教会の課題を取り上げていますが、その課題自体は、すべての教会に共通するものだと思います。そして信条の現代的展開として、結婚と離婚の問題、戦争の問題を取り上げています。さらに、二〇二〇年以降、世界に蔓延したコロナウイルス感染症の問題を、教会の視点から考察した講演を収録しています。

私は一九九六年に神戸改革派神学校を卒業し、翌年の四月から非常勤講師に加えられました。それゆえ文字通り、私の教師としての歩みは常に神学校と共にありました。私の神学的営みは神学校抜きにはあり得ません。しばしば、神学校は教会の現場から遠いところにあると考えられますが、そうではありません。教会の伝道と教会形成にとって、牧師は決定的な存在ですが、その牧師は神学校において養成されます。いかなる牧師が養成されるかに、教会の将来がかかっています。その意味で神学校は、場所的には教会から遠いように感じられるかもしれませんが、実際は伝道の最前線にあります。歴史的にも、神学校が変化することによって教会も変わっていきました。それほど、神学校は教会にとって決定的な意味を持っています。少なくとも、日本キリスト改革派教会の将来は、神戸改革派神学校によって決まると言っても言い過ぎではないでしょう。

その重要な神学教育に、専任教授として一一年間携わることができたことは、ただ主の恵みと憐れみによることです。具体的には、吉田隆校長をはじめとする教授・講師の皆さん、また神学校スタッフの皆さんのおかげです。さらに、講師の一人として、またスタッフの一人として神学校のために奉仕をしてくれた妻清子のことも覚えないわけにはいきません。これらすべての方々に、改めて心からの感謝を伝えさせていただきます。

本書は、私にとっては卒業論文集のような意味を持ちます。私を新しい働きへと送り出してくださった神戸改革派神学校に、感謝を込めて本書を献げさせていただきます。

今回も教文館の高木誠一さんにお世話になりました。心から感謝いたします。

二〇二四年四月　神港教会の牧師室にて

袴田康裕

《著者紹介》
袴田康裕（はかまた・やすひろ）
1962年、浜松市に生まれる。大阪府立大学、神戸改革派神学校、スコットランド、フリー・チャーチ・カレッジなどで学ぶ。日本キリスト改革派園田教会牧師、神戸改革派神学校教授（歴史神学）を経て、現在、日本キリスト改革派神港教会牧師。2022年８月より、日本キリスト改革派教会大会議長。
著書　『信仰告白と教会』（新教出版社、2012年）、『ウェストミンスター小教理問答講解』（共著、一麦出版社、2012年）、『ウェストミンスター信仰告白と教会形成』（一麦出版社、2013年）、『改革教会の伝道と教会形成』（教文館、2017年）、『教会の一致と聖さ』（いのちのことば社、2019年）、『キリスト者の結婚と自由』（いのちのことば社、2019年）、『聖霊の賜物とイエスの復活』（いのちのことば社、2020年）、『改革教会の伝統と将来』（教文館、2021年）、『ウェストミンスター信仰告白講解（上巻・下巻）』（一麦出版社、2022年・2023年）、『コリントの信徒への手紙二講解（上巻・下巻））』（教文館、2023年）ほか。
訳書　ウィリアム・ベヴァリッジ『ウェストミンスター神学者会議の歴史』（一麦出版社、2005年）、『ウェストミンスター信仰告白』（共訳、一麦出版社、2009年）、『改革教会信仰告白集——基本信条から現代日本の信仰告白まで』（共編訳、教文館、2014年）、『ウェストミンスター小教理問答』（教文館、2015年）、『ウェストミンスター大教理問答』（教文館、2021年）。

改革教会の信条と展開

2024 年 7 月 10 日　初版発行

著　者　袴田康裕
発行者　渡部　満
発行所　株式会社　教文館
〒104-0061 東京都中央区銀座4-5-1 電話 03(3561)5549 FAX 03(5250)5107
URL　http://www.kyobunkwan.co.jp/publishing/
印刷所　モリモト印刷株式会社

配給元　日キ販　〒162-0814　東京都新宿区新小川町9-1
電話 03(3260)5670　FAX 03(3260)5637

ISBN978-4-7642-6180-8　Printed in Japan